国家示范性高等职业院校艺术设计专业精品教材

高职高专艺术学门类"十三五"规划教材

广告策划与设计

GUANGGAO CEHUA YU SHEJI

邓楚君 编著

华中科技大学出版社
http://www.hustp.com
中国·武汉

内容简介

本书通过理实一体的教学和相关项目训练，引导学生掌握广告创意策划与广告视觉设计的基本原理及完整的作业流程，指导学生运用理论知识分析问题，训练学生的创造性思维及综合运用广告策划与设计的具体方法与技巧解决问题的能力，使学生初步具有广告策划与设计的工作能力。

本书分为上、下两篇。上篇是理论篇，具体包括广告概述、广告创意、广告设计的表现形式和广告策划；下篇是实践篇，具体包括五个项目，即 DM 单设计、企业画册设计、杂志广告设计、户外广告设计及 POP（促销）广告设计等。上、下两篇的理论和实践阐述能够帮助学生了解广告策划与设计的主要内容和主要阶段，了解广告策划从创意、策划、视觉设计到制作的推进过程。书中还有大量优秀广告案例及利用创意思维训练方法制作并获得全国大广赛中南片区一、二等奖的海报成果。全书涵盖知识面广，让学生在不断的实践中提高广告策划与设计的能力。

本书可作为传媒专业、广告学专业的实训教材，亦可作为教育技术工作者和传媒从业人员的参考书。

图书在版编目（CIP）数据

广告策划与设计 / 邓楚君编著. — 武汉：华中科技大学出版社，2017.8（2024.1 重印）
高职高专艺术学门类"十三五"规划教材
ISBN 978-7-5680-2982-7

Ⅰ.①广… Ⅱ.①邓… Ⅲ.①广告学－高等职业教育－教材 Ⅳ.①F713.81

中国版本图书馆 CIP 数据核字(2017)第 128157 号

广告策划与设计
Guanggao Cehua yu Sheji

邓楚君　编著

策划编辑：彭中军
责任编辑：史永霞
封面设计：孢　子
责任监印：朱　玢
出版发行：华中科技大学出版社（中国·武汉）　　电话：(027) 81321913
　　　　　武汉市东湖新技术开发区华工科技园　　邮编：430223
录　　排：武汉正风天下文化发展有限公司
印　　刷：武汉科源印刷设计有限公司
开　　本：880 mm×1230 mm　1/16
印　　张：9.5
字　　数：298 千字
版　　次：2024 年 1 月第 1 版第 5 次印刷
定　　价：59.00 元

本书若有印装质量问题，请向出版社营销中心调换
全国免费服务热线：400-6679-118　　竭诚为您服务
版权所有　侵权必究

国家示范性高等职业院校艺术设计专业精品教材
高职高专艺术学门类"十三五"规划教材
基于高职高专艺术设计传媒大类课程教学与教材开发的研究成果实践教材

编审委员会名单

■ 顾　　问　（排名不分先后）

王国川　教育部高职高专教指委协联办主任
陈文龙　教育部高等学校高职高专艺术设计类专业教学指导委员会副主任委员
彭　亮　教育部高等学校高职高专艺术设计类专业教学指导委员会副主任委员
夏万爽　教育部高等学校高职高专艺术设计类专业教学指导委员会委员
陈　希　全国行业职业教育教学指导委员会民族技艺职业教育教学指导委员会委员
陈　新　全国行业职业教育教学指导委员会民族技艺职业教育教学指导委员会委员

■ 总　　序

姜大源　教育部职业技术教育中心研究所学术委员会秘书长
　　　　《中国职业技术教育》杂志主编
　　　　中国职业技术教育学会理事、教学工作委员会副主任、职教课程理论与开发研究会主任

■ 编审委员会　（排名不分先后）

万良保	吴　帆	黄立元	陈艳麒	许兴国	肖新华	杨志红	李胜林	裴　兵	张　程	吴　琰
葛玉珍	任雪玲	汪　帆	黄　达	殷　辛	廖运升	王　茜	廖婉华	张容容	张震甫	薛保华
汪　帆	余戡平	陈锦忠	张晓红	马金萍	乔艺峰	丁春娟	蒋尚文	龙　英	吴玉红	岳金莲
瞿思思	肖楚才	刘小艳	郝灵生	郑伟方	李翠玉	覃京燕	朱圳基	石晓岚	赵　璐	洪易娜
李　华	刘　严	杨艳芳	李　璇	郑蓉蓉	梁　茜	邱　萌	李茂虎	潘春利	张歆旋	黄　亮
翁蕾蕾	刘雪花	朱岱力	熊　莎	欧阳丹	钱丹丹	高倬君	姜金泽	徐　斌	王兆熊	鲁　娟
余思慧	袁丽萍	盛国森	林　蛟	黄兵桥	肖友民	曾易平	白光泽	郭新宇	刘素平	李　征
许　磊	万晓梅	侯利阳	王　宏	秦红兰	胡　信	王唯茵	唐晓辉	刘媛媛	马丽芳	张远珑
李松励	金秋月	冯越峰	李琳琳	董　雪	王双科	潘　静	张成子	张丹丹	李　琰	胡成明
黄海宏	郑灵燕	杨　平	陈杨飞	王汝恒	李锦林	矫荣波	邓学峰	吴天中	邵爱民	王　慧
余　辉	杜　伟	王　佳	税明丽	陈　超	吴金柱	陈崇刚	杨　超	李　楠	陈春花	罗时武
武建林	刘　晔	陈旭彤	乔　璐	管学理	权凌枫	张　勇	冷先平	任康丽	严昶新	孙晓明
戚　彬	许增健	余学伟	陈绪春	姚　鹏	王翠萍	李　琳	刘　君	孙建军	孟祥云	徐　勤
李　兰	桂元龙	江敬艳	刘兴邦	陈峥强	朱　琴	王海燕	熊　勇	孙秀春	姚志奇	袁　铀
杨淑珍	李迎丹	黄　彦	谢　岚	肖机灵	韩云霞	刘　卷	刘　洪	董　萍	赵家富	常丽群
刘永福	姜淑媛	郑　楠	张春燕	史树秋	陈　杰	牛晓鹏	刘　谷	莉	刘金刚	汲晓辉	刘利志
高　昕	刘　璞	杨晓飞	高　卿	陈志勤	江广城	钱明学	于　娜	杨清虎	徐　琳	彭华容
何雄飞	刘　娜	于兴财	胡　勇	颜文明						

国家示范性高等职业院校艺术设计专业精品教材
高职高专艺术学门类"十三五"规划教材
基于高职高专艺术设计传媒大类课程教学与教材开发的研究成果实践教材

组编院校（排名不分先后）

广州番禺职业技术学院	湖南大众传媒职业技术学院	天津轻工职业技术学院
深圳职业技术学院	黄冈职业技术学院	重庆城市管理职业学院
天津职业大学	无锡商业职业技术学院	顺德职业技术学院
广西机电职业技术学院	南宁职业技术学院	武汉职业技术学院
常州轻工职业技术学院	广西建设职业技术学院	黑龙江建筑职业技术学院
邢台职业技术学院	江汉艺术职业学院	乌鲁木齐职业大学
长江职业学院	淄博职业学院	黑龙江省艺术设计协会
上海工艺美术职业学院	温州职业技术学院	冀中职业学院
山东科技职业学院	邯郸职业技术学院	湖南中医药大学
随州职业技术学院	湖南女子学院	广西大学农学院
大连艺术职业学院	广东文艺职业学院	山东理工大学
潍坊职业学院	宁波职业技术学院	湖北工业大学
广州城市职业学院	潮汕职业技术学院	重庆三峡学院美术学院
武汉商学院	四川建筑职业技术学院	湖北经济学院
甘肃林业职业技术学院	海口经济学院	内蒙古农业大学
湖南科技职业学院	威海职业学院	重庆工商大学设计艺术学院
鄂州职业大学	襄阳职业技术学院	石家庄学院
武汉交通职业学院	武汉工业职业技术学院	河北科技大学理工学院
石家庄东方美术职业学院	南通纺织职业技术学院	江南大学
漳州职业技术学院	四川国际标榜职业学院	北京科技大学
广东岭南职业技术学院	陕西服装艺术职业学院	湖北文理学院
石家庄科技工程职业学院	湖北生态工程职业技术学院	南阳理工学院
湖北生物科技职业学院	重庆工商职业学院	广西职业技术学院
重庆航天职业技术学院	重庆工贸职业技术学院	三峡电力职业学院
江苏信息职业技术学院	宁夏职业学院	唐山学院
湖南工业职业技术学院	无锡工艺职业技术学院	苏州经贸职业技术学院
无锡南洋职业技术学院	云南经济管理职业学院	唐山工业职业技术学院
武汉软件工程职业学院	内蒙古商贸职业学院	广东纺织职业技术学院
湖南民族职业学院	湖北工业职业技术学院	昆明冶金高等专科学校
湖南环境生物职业技术学院	青岛职业技术学院	江西财经大学
长春职业技术学院	湖北交通职业技术学院	天津财经大学珠江学院
石家庄职业技术学院	绵阳职业技术学院	广东科技贸易职业学院
河北工业职业技术学院	湖北职业技术学院	武汉科技大学城市学院
广东建设职业技术学院	浙江同济科技职业学院	广东轻工职业技术学院
辽宁经济职业技术学院	沈阳市于洪区职业教育中心	辽宁装备制造职业技术学院
武昌理工学院	安徽现代信息工程职业学院	湖北城市建设职业技术学院
武汉城市职业学院	武汉民政职业学院	黑龙江林业职业技术学院
武汉船舶职业技术学院	湖北轻工职业技术学院	四川天一学院
四川长江职业学院	成都理工大学广播影视学院	

目录 MULU

第一篇　理论篇

第一章　广告概述 …………………………………………………………………… (3)

第二章　广告创意 …………………………………………………………………… (17)
第一节　广告创意中的思维活动 ……………………………………………… (18)
第二节　广告创意策略 ………………………………………………………… (24)
第三节　思维训练方法 ………………………………………………………… (31)

第三章　广告设计的表现形式 ……………………………………………………… (37)
第一节　广告与文字设计 ……………………………………………………… (38)
第二节　广告与图形设计 ……………………………………………………… (45)
第三节　广告与版式设计 ……………………………………………………… (56)
第四节　广告版面编排设计的类型 …………………………………………… (72)

第四章　广告策划 …………………………………………………………………… (83)
第一节　广告的调查研究 ……………………………………………………… (84)
第二节　广告策划 ……………………………………………………………… (90)

第二篇　实践篇

项目一　DM 单设计 …………………………………………………………………… (101)
项目二　企业画册设计 ………………………………………………………………… (113)
项目三　杂志广告设计 ………………………………………………………………… (117)
项目四　户外广告设计 ………………………………………………………………… (129)
项目五　立体 POP(促销)广告设计 …………………………………………………… (135)
参考文献 ………………………………………………………………………………… (146)

第一篇

理论篇

第一章 广告概述

GUANGGAO
CEHUA
CYU SHEJI

广告策划与设计

■ 教与学的目标和要求

了解广告的基础知识，了解广告媒体的选择应用。

■ 教学方法

案例引导，讲授为主。

■ 教学内容

广告的定义、广告的分类、国内外广告的历史背景、广告的媒体及其选择应用。

■ 教学重点

广告概说、广告媒体。

广告像空气一样无处不在。广告作品如图1-1-1至图1-1-7所示。

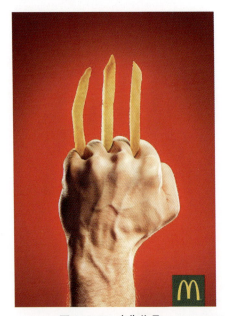

图1-1-1　广告作品一

图1-1-2　广告作品二

图1-1-3　广告作品三

图 1-1-4 广告作品四　　　　　图 1-1-5 广告作品五

图 1-1-6 广告作品六　　　　　图 1-1-7 广告作品七

广告的基本情况如图 1-1-8 所示。

图 1-1-8 广告的基本情况

一、广告概说

世界上有什么艺术能广泛地吸收社会学、经济学、管理学、市场学、商品学、心理学、统计学、运筹学、传播学、新闻学、美学、公关学、语言学、信息论、系统论、控制论、绘画、摄影、音乐、表演、印刷、广播、电影电视、光电通信、计算机、法律等多种学科与文理科渗透的知识，并产生巨大的经济效益，非现代广告莫属。

现代广告是一门很年轻的学科，在西方它是一个社会纽带；在亚洲，它是社会信息交流的一部分。广告以它特有的魅力，传播着新的商品信息，推动着新的文化创造、新的意识更新、新的生活样式的转化。广告是现代信息社会的宠儿，已经成为人们日常生活中不可缺少的内容和重要的向导。

（一）广告的定义

广告，顾名思义，就是广而告之，即对公众广泛传达具有说服力的某种信息。著名的美国市场营销协会给广告下了这样的定义：广告是由特定的广告主通常以付费的方式通过各种传播媒介对产品、劳务或观念等信息的非人员介绍与推广。

广告是自由经济社会的产物。由于国家制度、民族文化传统及社会经济发展阶段的不同，广告在创意和表达方式上也有所不同。当今世界，国际市场竞争激烈，广告作为促进销售的手段，如何根据商品的性质、市场的特点、经营的目标，运用不同的策略，选择不同的媒体，采取不同的设计，是一项专门的广告学科，也是一门综合性的学科。广告是企业管理学、社会学、经济学、市场学、新闻学、心理学、美学、艺术、绘画、雕塑、建筑、摄影、音乐、文学、计算机等学科的综合应用。

（二）广告的分类

广告一般分营利和非营利两种。

以营利为目的的广告称为商业广告，是为促进销售、说服潜在性消费群而特别设计的。

非营利性广告称为非商业性的广告，是为了宣传或推广某种意见或想法，如公益广告、政令性的宣传、社会福利、资源保护、希望工程等。

平庸的广告只能做到"信不信由你"，出色的广告则能做到"不由你不信"。

商业广告如图1-1-9和图1-1-12所示。

图1-1-9　Penline胶带广告

图1-1-10　西麦企业集团

公益广告如图1-1-11和图1-1-12所示。

图 1-1-11 公益广告一

图 1-1-12 公益广告二

（三）国内外广告的历史背景

最早的广告是口头表达的。传布政令的小职员以摇铃或吹奏牛角的方式来吸引听众。

美国很多成年人都记得街上的童谣"Hot cross buns!"，但很少有人意识到这就是最早的广告形式。

为推销成药而举办的表演节目，弹奏班子、五弦琴、歌手，然后有几个黑人跳舞，吸引观众，接着就出现一位老土医生卖蛇油制成的土药。这种形式的诞生，就成为后来广播广告的基本典范。20世纪初"成药秀"的篷车队漫游在美国各地，直到今天仍有。

最早的书面广告开始于象形文字（三千多年以前），但是很少有人认识这种符号，所以很多商人用记号、牌子或工具悬挂在门上，也叫幌子或招牌，以便人们认出他们的生意。如旅店用松果，面包房用骡子拉磨，奶品厂用山羊等。

历史上的广告实例如图 1-1-13 和图 1-1-14 所示。

图 1-1-13 历史上的广告实例一

图1-1-14 历史上的广告实例二

目前,世界上最早的一张招贴广告是英国军队在埃及古城底比斯遗址中发现的一份3000年前的寻人招贴,用的是尼罗河上游的芦苇类的植物制成的"莎草纸"(20 cm×25 cm),这种手工纸很贵,现存于英国伦敦博物馆。

我国出现的一张印刷招贴是目前世界上发现的最早的印刷广告——中国历史博物馆所藏的北宋"济南刘家功夫针铺"的四寸见方雕刻铜版。其中间有插画,下部是说明商品质地和销售办法的七行二十八字,兼做包装纸用。

成为第一个最具渗透性的广告传播工具是报纸。1645年1月5日,英国出版的《每周报道》上,出现了"Advertisement"(广告)词,但编排的却是新闻,因为当时英国流行凡是重要新闻就称为广告。1652年有咖啡广告,1657年有巧克力广告,1658年有茶叶广告,1666年《伦敦报》首开广告专栏。

杂志成为广告的媒体,则兴盛于19世纪的美国。19世纪中叶,西方发生了工业革命,机械化的大生产急需用广告促进商品的流通,于是广告业兴起了。

1869年美国第一家具有现代广告商特征的艾尔父子广告公司创立,它竭力说服报刊付给广告代理商以佣金。从此,佣金制度确立,广告行业日趋发展。这时,美国麦克卢尔广告公司发行了一本附有一百页左右的广告单行本,它文字精练,富有诗的韵味,这就产生了为群众喜闻乐见的广告文撰写技巧。

1898年美国人路易斯提出了AIDA的广告公式,即attention(注意)、interest(兴趣)、desire(欲望)、action(购买行动)。后来又增加了conviction(确信),成了AIDCA公式,这一广告理论一直沿用至今。

在第一次世界大战和第二次世界大战期间,招贴在宣传"征兵""募捐""保密防谍""节约物资""生产

"救国"等运动中，起了重要的作用。

第二次世界大战以后，商品经济在世界范围内的大力发展，商品的流通和竞争以及印刷业和制版业日新月异的发展，更带来了平面广告的黄金时代。

包豪斯思潮兴起以后，广告艺术脱颖于绘画和装饰而独具新的观念和理论，越来越专业化了。每一种新形式的媒体到来，都增加了广告的力量，以期能更有效地用以传播信息，如广播、电视的到来以及现在信息网络的发展，就增加了选择机会，创造了更多的广告媒介表现形式。

广告实例如图1-1-15至图1-1-17所示。

图1-1-15 广告实例一

图1-1-16 广告实例二

图1-1-17 广告实例三

19世纪50年代是广告的商品表现时代。19世纪60年代，"品牌印象"成为广告创作的重心，不但能强化商品的特征，更需要塑造并突显其企业的品牌印象。19世纪70年代，不仅注意品牌印象，而且注意"品牌定位"的问题。一件成功的广告作品，创作人员必须具有"商品定位"和"品牌定位"的意识，从此让消费者在其心中建立起商品应有的地位，并开发出自己的市场。所以，这一时期的广告表现已进入了"品牌定位"的时代。

广告表现如图1-1-18至图1-1-21所示。

图 1-1-18　广告表现一

图 1-1-19　广告表现二

图 1-1-20　广告表现三

图 1-1-21　广告表现四

19世纪80年代以后，世界局势变化很大，随着经济的发展，产品越来越丰富，市场也由原先的卖方市场转变为买方市场。广告成为市场营销组合中的有机的一环而发挥着重要的作用。随着科学技术的飞速发展、人们生活水平的提高，人们的需求也更多。在这个快速前进的浪潮里，广告的创意与表现就更加丰富。由平面到立体、声、光、电、计算机科技、资讯服务等都成为广告表现的强有力部分，使得广告设计的空间显出前所未有的多样化，欣欣向荣。

中国自19世纪80年代引进西方市场学，近年来开始对各种广告形式的市场营销观念认识、吸收、消化和完善，发展迅速。

广告作为专门学科的源起，是1893年在美国沃顿商学院，广告首次被提到大学的课程上。1905年纽约大学首次开设独立的广告课程。以后，美国的高校广告教育由诞生、获得认可到逐渐成长，而后经历了一个快速的、陡然而至的成熟期，接着达到了饱和点，甚至开始走下坡路了。从1993年开始，专业设置以每年3%~6%的速度下降，反映出美国广告界在经济停滞时期对毕业生需求的减少。这就对广告教育界提出了更高的要求。

在中国，现代广告是一门比较年轻的学科。飞速发展的中国广告业对高水平的广告专业人才有很大的需求。中国广告协会对北京、上海、广州几大城市的广告公司、高校广告专业进行了问卷调查。调查结果显示，广告公司对专业人才的需求有一些特点：对于整体策划、广告创意等人才的需求居首，最看重专业人才的人品和创造力。

广告公司对广告教育的看法：一方面，"广告专业学生到社会上仍需接受培训"，"实际操作能力的培养更重要"；另一方面，高校广告教育的确缺乏广告实践，这方面亟待改进。

二、广告媒体及其选择应用

广告媒体的种类有报纸、杂志、广播、电视、户外广告（路牌、灯箱、电子屏幕）、互联网络等。

（一）报纸广告

报纸是平面广告中影响最大的广告媒体。其优势和局限如下。

1. 报纸广告的优势

广泛性：报纸的发行量大，读者广泛并有相对的稳定性。

长期性：报纸广告宣传的产品广泛，可刊登各类广告，既可刊登黑白广告，又可刊登套红或彩色广告。

时效性：日报或晚报的发行和销售，都是快速的，不允许拖拉延误；而且报纸最适宜刊登时间性强的广告，如新产品、展销、劳务、庆贺、通知等。

经济性：报纸广告既对市场的渗透性强，又经济实惠。有些广告即便缺乏插图也可以完全用文案表现，不需要太多的人力和财力。

重复性：报纸可以重复刊登或系列刊登同一内容的广告，产生最佳发布效率，加深人们的印象。

可读性：报纸广告与广播广告或电视广告相比，占有明显的优势，如广播广告使人觉得是耳边风，电视广告使人觉得混杂众多、浮光掠影；而报纸广告一般都能容忍，而且可读性强，同时报纸具有消息性。

方便性：报纸广告制作方便，尺寸上伸缩也很方便，可以小至几厘米，大至整个版面。可重复宣传，也可随时修改底稿，机动性大；而且报纸广告有并排性，可把同一系统的产品编排在同一版面。

2. 报纸广告的局限

通用期短：一般人对于报纸，往往是一看了之，所以广告的寿命——通用期很短。

印刷较粗：报纸在印刷速度上是最为理想的，但纸质较粗（较适合印黑白分明的线描插图广告），难以表现产品特色，彩印成本高。

选择率低：报纸订阅面广，读者不分男女老少、文化程度、专业性质、经济状况、社会阶层，这使报纸广告的刊户选择率低，不能很有效地对市场有的放矢，造成了一定的浪费。

注意力分散：报纸版面的内容丰富，读者的注意力容易被其他内容吸引而忽视对报纸广告的注意力，也没有电视广告那样的画面感染力，吸引力较小。

3. 报纸广告的种类

（1）通栏广告。版面以水平线划分为15行，整版称为15段。通栏广告位于版面的下方，占版面的1/3、1/5、1/7，称为3段、5段、7段。通栏广告是报纸最常用的版面之一。

（2）报眼广告。报眼广告是指报纸每一版上顶部的长条形小广告。与中国的报纸版面不同的是，日本的报眼广告在报纸中有两处，另一处是位于报头下方的长条形小广告。报眼广告具有头条广告的身份，因而非常引人注目。

（3）中缝广告。中缝广告是报纸版面中最不起眼的小型广告，多为一些细小的琐碎的分类信息广告。

报纸广告如图1-1-22至图1-1-24所示。

图1-1-23　报纸广告二：电影广告

图1-1-22　报纸广告一：汽车广告

图1-1-24　报纸广告三：饮食广告

（二）杂志广告

杂志产生于18世纪的英国。它成为重要的广告媒体，则是在19世纪的美国。近年来，各类杂志越加专业化和多样化，并拥有各自忠实的读者群和目标市场，是平面广告的优良媒体。杂志广告的优势和局限如下。

1. 杂志广告的优势

选择性：各类杂志有不同的办刊宗旨、内容和读者群。通过杂志发布广告，容易选准目标市场和特定消费群，针对性强，避免了浪费，能在目标市场上与最为接近的群体见面。因此，商业类、技术类和消费类的刊物，以及一些年鉴，广告比重正逐年呈上升趋势。

印刷精美：杂志多数画页是彩色印刷，纸质优良，印刷精美，能最大限度地发挥彩色印刷效果，使杂志广告具有很高的欣赏价值。此外，杂志广告的内容能优于报纸，做详细深入的介绍。

保存性：报纸是新闻，一般当天阅读完，保存期短；杂志则不然，保存期长，而且传阅率高。因此，杂志上的广告有着时效长、生命力强的优点。

灵活性：杂志广告编排手法十分灵活，可设计成连页广告或多页广告，可附多种插图、插页和名片，甚至是小型唱片、光碟等；可独占版面，不受任何其他内容干扰；可发表文字性叙述广告，也可发表与报纸相同的新闻消息。同时，杂志是供读者静心阅读的媒体，有关商品的性能、用途，可以详尽地描述。杂志又适合于理论性的广告，诱导作用强，广告效果也好。

重复性：杂志广告和报纸广告一样，能以一贯的主题和相似的画面连续登载数期，重复广告形象；也可在同一期杂志上刊登数页广告，如在彩页广告外另辟专页，以文稿介绍产品的历史、企业的全貌和规划等，用以渲染广告的印象。

2. 杂志广告的局限

周期长：杂志的最大局限是广告稿的截稿时间早、出版周期长，如月刊杂志，一般广告稿必须在杂志刊登前的数周乃至更长的时间送编辑部，而双月刊、季刊杂志，出版周期就更长了，于是广告的实际效能就有所下降，致使产品不能应付剧烈的竞争和灵活多变的市场。

反应慢：是周期长这个问题引起的，广告在杂志上出版晚，读者反应自然慢，甚至使宣传的产品"过时"；杂志的发行渠道不同，有的是邮局出售，有的是书店出售，有的是书亭或个体户出售，有的是展销会出售，而农村的发行又总比城市缓慢，这也会影响读者。

覆盖率低：目前国内的杂志种类繁多，但发行量有限，与报纸相比，其覆盖率自然低，广告效果也受其影响。

杂志广告如图1-1-25至图1-1-29所示。

图1-1-26　杂志广告二

图1-1-25　杂志广告一

图1-1-27　杂志广告三

图 1-1-28　杂志广告四

图 1-1-29　杂志广告五

(三) 广播广告

1. 广播广告的优势

广播广告的优势：制作过程简单，花钱少，投资低；收听率较高，效果较好；随身听、半导体收音机等可随身携带，随时收听，不受地域限制；容易掌握目标群众的收听范围。

2. 广播广告的局限

广播广告的局限：只有声音，没有影像，吸引力较小；无法认知产品的形象与包装；受收听频率限制；播放时间短；受新产品（如录像带、VCD等）的冲击。

(四) 电视广告

电视早在1884年被发明，目前已在家庭普及。

1. 电视广告的优势

可看性高：电视广告以传送视觉上及听觉上的讯息来达到广告目的，由于具有声、光、色彩、影像、动作同时传播的功能，因此较其他广告媒体更生动，更具说服力。

普及率高：目前电视已成为家庭必备的产品，是最直接、快速且能深入到各阶层的传播工具。

灵活性大：每个人都可在自己喜爱的频道、时间段收看，锁定目标。

此外，电视广告有动态形态，画面吸引人，可以强化商品的特色；在同一单位时间里，收视率高，传播面广，例如密集轰炸式播放。

2. 电视广告的局限

电视广告的局限：收费高，时效性差；受时间制约，难以把产品特性完全表现出来。此外，电视广告难掌握效益，一般大众都不喜欢看广告，使播出的广告因视听众不喜欢而失去效用。

(五) 户外广告

户外广告是指设置在大自然环境中的广告，多设置在建筑及商店外、交通要道旁，为露天长久性展示的广告。

户外广告的主要功能：指示公司、商店位置，促销主要商品，加深人们对企业和品牌的印象。所以，其内容常为企业名称、品牌名称，内文很少。

户外广告的诉求对象为过路行人，由于行路匆匆，观看时间短暂，所以设计多以简单文字、特殊构图取胜。

户外广告的制作费事，制作材料多种多样，常见的有看板、路牌、挂旗、车身广告、霓虹灯、灯箱、电子显示屏等。由于制作日益精美，欣赏价值极高，已不仅具有广告功能，还可美化环境。户外广告已成为现代商业建筑外观的一部分、华丽夜景的主角。

1. 户外广告的优势

（1）广告面积大而明显，不易受其他广告的影响。

（2）一般设立在交通要道，可看到的人多，涵盖阶层广泛。

（3）由于定点长期屹立，广告持续，经过者容易累积出深刻印象，容易成为地理指标，增加广告传播机会。

（4）材料种类多，可依预算灵活选取。

（5）由平面、立体到动态、声光混合，各种造型及视觉效果都可自由运用。

2. 户外广告的局限

（1）路过即逝，单次广告效果差。

（2）受空间、地点限制，难以传播远方。

（3）若设计不佳，会破坏市容美观，甚至阻挡视线，妨碍交通。

（4）固定不牢或维修不佳时，易破损、掉落乃至倒塌，造成危险。

（5）最耀眼的广告如霓虹灯、电脑看板等，制作费高，维护困难。

户外广告如图 1-1-30 至图 1-1-34 所示。

图 1-1-30　户外广告一

图 1-1-31　户外广告二

图 1-1-32　户外广告三

图 1-1-33　户外广告四

图 1-1-34　户外广告五

第二章
广告创意

GUANGGAO
CEHUA
YU SHEJI

教与学的目标和要求

本章为本学期的教学重点,让学生树立正确的创意观,了解创意应服从策略的需要;让学生初步掌握创意的思考方法,能够独立完成广告创意。

教学方法

实例引导,讲授为主,课题训练。

教学内容

(1) 何谓创意。
(2) 广告创意中的思维活动。
(3) 广告创意策略。
(4) 广告创意的训练方法。

教学重点

(1) 创意思维的训练。
(2) 创意策略的应用。

第一节 广告创意中的思维活动

思维是人脑对客观事物间接的和概括的反映。广告创意的过程不仅是一个充满着思想与情感的认识过程,同时也是一个冷静与理智的思维过程。

一、形象思维 ONE

形象思维又称艺术思维,即运用形象所进行的思维活动。在产品设计、生产、营销中都会涉及形象思维,作为集科学、艺术、文化于一体的广告创意,更离不开形象思维。

形象思维在广告创意中有几个作用:强化产品定位、构思广告内容、安排广告形式、传达企业整体形象。

形象思维广告案例如图 1-2-1 至图 1-2-3 所示。

二、逻辑思维 TWO

逻辑思维是人们在认识过程中借助于概念、判断、推理来反映现实的过程。对于理性的消费者来讲,他们绝对不会无缘无故地购买自己并不需要的东西,广告策划人必须给他们一个充足的理由才行。

广告创意应当遵循逻辑思维的规律,具体要求是:概念要明确,判断要恰当,推理要合乎逻辑,论证要有说

 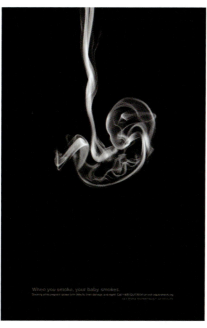 

图 1-2-1　形象思维广告案例一　　图 1-2-2　形象思维广告案例二　　图 1-2-3　形象思维广告案例三

服力。

逻辑思维广告要求如下。

(一) 概念要明确

概念是反映客观事物本质属性的思维形式。所谓本质属性，就是决定该事物之所以成为该事物并区别于其他事物的属性。

概念在广告创意中最直接的作用，是确定广告定位。清晰的广告定位往往可以运用概念来形成。运用概念获取广告成功的例子很多，例如士力架的"横扫饥饿，做回自己"、创维的"健康电视"、百事可乐的"New Generation"等。

运用概念的广告如图 1-2-4 和图 1-2-5 所示。

图 1-2-4　运用概念的广告一

图 1-2-5　运用概念的广告二

(二) 判断要恰当

判断就是对事物有所断定的思维形式，判断反映的是概念与概念之间的关系。

广告创意，就是要通过广告用严密的逻辑语言，建立起概念之间的合乎逻辑的关系，促成消费者对企业的产品形成有利于企业的判断。典型的一个例子是嘉士伯的"可能是世界上最好的啤酒"，这是一个比较恰当的判断，因为没有把话说死，所以不会引起消费者的反感。再如艾维斯租车公司的"我们第二，但更努力"（威廉·伯恩巴克）。

判断恰当的广告如图1-2-6所示。

图1-2-6 判断恰当的广告

(三) 推理要合乎逻辑

推理就是根据一个或几个已知判断推出另一个新判断的思维形式。要保证推理能获得正确的结论，必须同时具备两个条件：前提要真实，推理形式要合乎逻辑。

案例：脑黄金的逻辑错误

脑黄金的逻辑错误："让一亿人先聪明起来！"这个广告语犯了一个致命的逻辑错误，那就是它的前提是"其他人全是傻瓜、笨蛋"！

《新京报》2006年5月27日报道《"黄金搭档"广告禁止播出》，这一禁令，等于给近几年的"黄金搭档热"当头浇了一瓢冷水。

从"脑黄金"到"脑白金"，从"脑白金"到"黄金搭档"，史玉柱一干人算是号透了中国人的脉，号透了中国市场的脉。靠铺天盖地的广告，"忽悠"了千百万消费者，数以亿计的真金白银像变戏法似的涌进了他们的口袋。

这一系列产品，其共同特点：对人没有害处，肯定吃不死人；但也没多大好处，保健作用有限。勉强可以算是保健品，所谓的"神奇疗效"就是子虚乌有。但在铺天盖地的广告作用之下，脑白金却成了"送礼送健康"的首选商品。2005年，脑白金在中国保健品产业的信誉跌至谷底的时候，却逆市而上创造了销售奇迹。

脑白金的广告如图1-2-7所示。

图1-2-7 脑白金的广告

(四) 论证要有说服力

在论证过程中，要善于运用"充足理由律"。

事实上，对于消费者来讲，所谓"论证过程"，正是企业产品发挥其功能的过程。如果你产品的质量不可靠，那么你一定会在这个论证过程中失败，这就是市场的逻辑。

娃哈哈的广告如图1-2-8所示。

图 1-2-8　娃哈哈的广告

三、情感思维　　　　　　　　　　　　　　　　　　　THREE

情感是指人的喜怒哀乐等心理表现。广告作为一种信息传递工具，其中一项重要的功能是"传情达意"，即对人与人、人与物、人与大自然之间美好感情的表达。

广告创意中的情感思维，就是研究广告如何发现、发掘、沟通人们潜在的情感，引起人们的心理共鸣，以达到吸引注意、促进销售的目的。

（1）情感诉求是当今广告创意的一个明显的趋势。

（2）广告情感导向的主要任务是"传情达意"。

（3）情感思维的策略是让消费者由"他人劝导"转向"自我卷入"。

从操作层面上来讲，在广告创意中运用情感思维的关键词有热情、激情、爱情、亲情、友情、抒情与移情。

情感思维案例如图 1-2-9 至图 1-2-16 所示。

图 1-2-9　亲情　oppo 手机广告

图 1-2-10　爱情　百岁山矿泉水

图 1-2-11 亲情（学生费雯伶作品一，刘臻指导）

图 1-2-12 亲情（学生费雯伶作品二，刘臻指导）

图 1-2-13 爱情（陶玲作品一，韩一玫指导）

图 1-2-14 爱情（陶玲作品二，韩一玫指导）

图 1-2-15 友情 好丽友广告

图 1-2-16 友情 必胜客广告

四、直觉思维

直觉思维是指思维对感性经验和已有知识进行思考时，不受某种固定的逻辑规则约束而直接领悟事物本质的一种思维方式。

直觉思维的主要特点有：

（1）突发性——突如其来，稍纵即逝；

（2）偶然性——偶然激发，难于预料；

（3）不合逻辑性——并非依照逻辑规则按部就班地进行，可以是荒诞、怪异、幻视、变形等。

直觉思维有多种多样的表现形式。想象、幻想、猜想、联想、灵感等都属于直觉思维的形式。直觉大体上可以分为想象式直觉和灵感式直觉两种。

（一）想象式直觉

想象是指人们在某些已有材料和知识的基础上，让思维自由神驰，或通过新的组合，或借助丰富的联想，或利用猜想、幻想，从而领悟事物的本质和规律的思维过程。例如联想，它的四个基本形态在广告创意中都是十分有用的。

这四种形态是：接近律，例如"香烟—白酒"；对比律，例如"白天—黑夜"；类似律，例如"鸟类—飞机"；因果律，例如"摩擦—生热"。

想象式直觉广告如图1-2-17和图1-2-18所示。

图1-2-17　想象式直觉广告一

图1-2-18　想象式直觉广告二

平安保险："贴"进群众生活。在把"创可贴"产品人性化、国际化的同时，麦肯·光明又反其道而为之，在平安保险的"创可贴"篇，"创可贴"成了一个载体，直接"贴"进群众生活。"有效应对意外风险，一点都不贵"，文案抓住了创可贴的特点，宣传的是保险的"价廉物美"。

平安保险广告如图1-2-19所示。

（二）灵感式直觉

灵感是指人们在研究某个问题正处于百思不得其解的时候，由于受到某种偶然因素的激发，产生顿悟，使问题迎刃而解。这

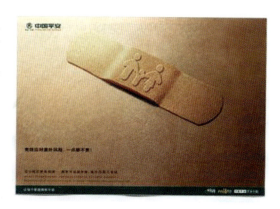

图1-2-19　平安保险广告

好似"山重水复疑无路，柳暗花明又一村"。据大卫·奥格威回忆，当年他形成戴着眼罩的"穿 Hathaway 衬衫的男人"（见图1-2-20）的广告创意，就是因灵感而激发的。

图 1-2-20 "穿 Hathaway 衬衫的男人"广告

大卫·奥格威的成功来自灵感，大卫·奥格威为 Hathaway 牌衬衫所做的广告语是"穿 Hathaway 衬衫的男人"，奥格威给这个人戴上一只眼罩。奥格威回忆说，"我想了 18 种方法来把有魔力的'佐料'加进广告里。第 18 种就是给模特加戴上一只眼罩。最初我们否定了这个方案而赞成用另外一个被认为更好一些的想法，但在去摄影棚的路上，我（鬼使神差地）钻进一家店，花了一块五毛钱买了一只眼罩。但它使 Hathaway 牌衬衫在过了 116 年默默无闻的日子后，一下子走红起来。它为什么会成功，我大约永远也不会明白（灵感：偶然性）。迄今为止，以这样快的速度、这样低的广告费用建立起一个全国性的品牌，这还是绝无仅有的例子。"

第二节 广告创意策略

一、立于真实 ONE

广告必须真实，真实是广告的生命。从广告创意这个角度来看，必须坚持"诚实的广告才是最好的广告"的信念。

该信念的内涵有三：

(1) 弄虚作假是广告创意之大忌；

(2) 广告承诺要具体、实在；

(3) 广告创意不可无中生有，凭空捏造。

实例：玛卡胶囊广告

产自陕西省咸阳市的"玛卡"胶囊在广告中宣称采用"美国最尖端的宇航技术，对改善男性生理机能具有神奇功效，可促进二次发育等"，广告中还出现了几名国内外的专家进行"盛情"推介。在广告的作用下，"玛卡"胶囊得以在全国很多地方以每盒100多元的高价销售。但是调查发现，"玛卡"胶囊在卫生部2002年1月批准的保健食品目录中名为"生力康"胶囊，仅有改善睡眠的保健功能。调查还发现，"玛卡"胶囊广告中出现的外国专家麦克哈利博士，其所在的美联邦性医学会根本不存在。广告中的两名中国教授，一名是业余演员，另一名则是北京某街道办事处的退休人员。

在表达广告真实性的广告创意中，实证广告便是一种重要的方法，具体做法如下。

（1）直观表演——通过现场演示，通过试用、试穿、试饮，让消费者亲身感受以建立起信任感。

（2）现身说法——通过消费者的亲身经历来证实产品的质量、品质的安全性与可靠性。

实例：大宝广告

大宝广告的确是极有韧力的。自大宝SOD蜜面世以来，已有近十年。其间除了近几年在广告情节上有所变动外，大宝始终如一地坚持不变的诉求方式、广告风格、平民化定位，甚至连广告语"大宝天天见"也始终忠贞不渝地传递着大宝对消费者的关爱。其广告发布策略亦坚韧不拔，每年均保持较稳定的发布频率。大宝的毅力，在变幻莫测的广告世界中，的确难能可贵。

（3）真凭实据——是银奖不能说成金奖；是省优不能说成部优；是内销产品不能说成出口产品；只出口到一个国家不能说成畅销全球；是治某种疾病有效，不能说成包治百病等。相关内容都得拿出真凭实据来。

案例：精工表广告的承诺具体、实在

说到广告承诺的具体、实在，有一个很好的例子："10 000次撞击，依然精确无比！""12年不必对时：双倍精确！"。精工表广告如图1-2-21所示。

案例：鲁迅先生也做过广告

为自己《乌合丛书》一书所写的广告非常实在："大志向是丝毫也没有。所愿的：无非（1）在自己，是希望那印成的从速卖完，可以收回钱来再印第二种；（2）对于读者，是希望看了之后，不至于以后太受欺骗了。"

图1-2-21 精工表广告

二、突出个性　　　　　　　　　　　　　　　TWO

广告创意要解决的问题有很多，但核心问题只有两个，那就是："我是谁？"与"谁是我？"。CI战略的一个关键词是"identity"，其核心含义就是"识别"。

如何为一个产品做广告呢？首先，我们必须弄清楚该产品的最大优点是什么，这一优点同其他同类产品相比较，其独特的优势在哪里？一句话，要让自己与众不同，让消费者从众多的同类产品中把自己识别出来。

实例如下。

(1) M&M 巧克力"只溶在口,不溶在手"。

这是著名广告大师威廉·伯恩巴克的杰作,堪称经典,流传至今。它既反映了 M&M 巧克力糖衣包装的独特 USP,又暗示 M&M 巧克力口味好,以至于我们不愿意将巧克力在手中停留片刻。

(2) 想想小的好处。

作者:威廉·伯恩巴克(William Bernbach)

产品:德国大众(Volkswagen)金龟车

标题:想想小的好处(Think small)

正文:我们的小轿车并没有多少新奇之处。

一二十个学生恐怕挤不下。加油站的那伙计也不想搭理它。对于它的外形,从来没有人拿正眼瞧它一下。事实上,连驾驶我们这种廉价小轿车的人们也没有仔细想过:一加仑汽油可行驶 27 英里。五品脱的汽油顶得上五夸脱。(注:1 品脱=1/2 夸脱,这里意指耗油量仅为其他汽车的一半,难怪加油站的那伙计也不想搭理它。)从来不需要防冻剂。一副轮胎可以行驶 40 000 英里。我们为你精打细算,你也觉得习以为常,这便是你根本没去想它的原因。

只有当你能在那狭小的停车点泊车时,当你去更换那小面值的保险卡时,当你去支付那小数额的维修费时,当你开着这金龟车去以旧换新时。

德国大众金龟车如图 1-2-22 所示。

(3) 纽约正在把它吃光!

作者:威廉·伯恩巴克

产品:来味牌犹太麦饼

标题:纽约正在把它吃光!广告语:真正的犹太裸麦。

纽约正在把它吃光如图 1-2-23 所示。

(4) 月光下的收成。

作者:李奥·贝纳(Leo Burnett)

产品:绿巨人(Greengiant)豌豆

标题:月光下的收成

无论是白天还是夜晚,绿巨人豌豆总是用最短的时间选取妥当,风味绝佳,从收获到装罐不会超过 3 小时。

图 1-2-22 德国大众金龟车

简评:对于这一则广告,李奥·贝纳说:"如果用'新鲜罐装'作标题简直是容易极了,但是用'月光下的收成'则兼具新闻价值与浪漫情调。它包含着某种关切,这在罐装豌豆广告中是难得一见的妙句。"

月光下的收成如图 1-2-24 所示。

(5) 如果你超过 35 岁。

作者:威廉·伯恩巴克(William Bernbach)

客户:奥尔巴克(Ohrbach's)百货公司

标题:如果你超过 35 岁,你需要

你是否感到了单调而没有趣味?走过人群,你是否还能够听到男人们的口哨声?你是否还保持着你那焕发的容光和轻盈的步伐?不必计较,像你这样的年纪的确不应该如此。你现在所需要的就是从奥尔巴克百货公司那里得到"西东的价廉"。

图 1-2-23　纽约正在把它吃光

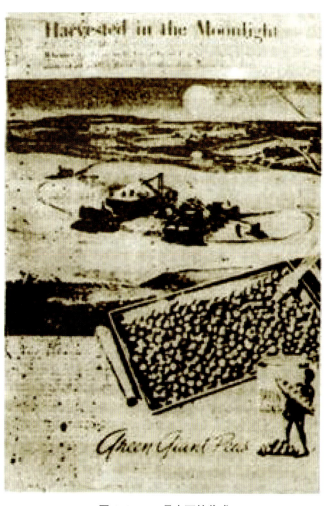

图 1-2-24　月光下的收成

奥尔巴克百货公司正在廉价地销售最新式的服装，可给你那萎靡的精神以青春的活力，好似医生开给你的一个回春的妙方。其中混合了最新流行的样式和低廉的价格。趁早点去看看，你会早一点感受到轻松和愉快。

如果你正好 35 岁……祝你生日快乐！

广告语：做千百万生意赚几分钱利润

纽约：第 14 号街联合广场对面

纽渥克：梅尔赛市场

注：在这一则广告中伯恩巴克将 BARGAINS（廉价的东西）倒写成 SNIAGRAB（西东的价廉）。

(6) 只有"水井坊"才是"真正的酒"！

(7) "海飞丝"的个性在于去头屑。看看海飞丝的广告：海飞丝洗发水，海蓝色的包装，首先让人联想到蔚蓝色的大海，带来清新凉爽的视觉效果，"头屑去无踪，秀发更干净"的广告语，更进一步在消费者心目中树立起"海飞丝"去头屑的信念。

(8) "潘婷"的个性在于对头发的营养保健。看看潘婷："含丰富的维生素原 B5，能由发根渗透至发梢，补充养分，使头发健康、亮泽"，突出了"潘婷"的营养型个性。

(9) "飘柔"的个性则是使头发光滑柔顺。飘柔："含丝质润发，洗发护发一次完成，令头发飘逸柔顺"的广告语配以少女甩动如丝般头发的画面，深化了消费者对"飘柔"飘逸柔顺效果的印象。

(10) "沙宣"则定位于调节水分与营养。

(11)"润妍"定位于更黑、更有生命力。

(12)"佳洁士"与全国牙防组推广"根部防蛀"的防牙、护牙理念。

(13)"舒肤佳"与中华医学会推广"健康、杀菌、护肤"的理念。

三、以小见大 THREE

所谓以小见大,就是在广告创意过程中,善于捕捉一些关于事件、事实或情景描述的细节,通过对于这个细节的"特写",突显企业产品的优势与独到之处。通常我们所说的"一滴水可以见太阳",讲的就是这个道理。

奥格威为 Rolls-Royce 汽车所写的广告如图 1-2-25 所示。当年大卫·奥格威为 Rolls-Royce 汽车所写广告的标题是这样的:"这部新型的 Rolls-Royce 汽车以每小时 60 英里的速度行驶时,最大声响来自它的电子钟"。

图 1-2-25　Rolls-Royce 汽车广告

华侨城波托菲诺水岸城在它的广告文案中写道:"把心思花在别人看不到的地方是否很不明智?造就非凡,必须付出许多的心思和心血,而这些付出往往都是不为人所晓。就像这盏壁灯,可能日后有人居住上十年八年,也没有人知道它的艺术价值。其实知道与否并不重要,重要的是这些看不到的心思会和其他大家有目共睹的努力一样,令这里的生活更加完美。"

华侨城波托菲诺水岸城广告如图 1-2-26 所示。

以上两例中通过对电子钟声响与装饰壁灯的"特写",来突显汽车与住宅的品质。正如管中窥豹、一叶知秋,以小见大,从细微之处着眼,让消费者看到了产品的优势与独到之处。

图 1-2-26　华侨城波托菲诺水岸城广告

四、删繁就简 FOUR

广告用语贵在精练,言简意赅,意尽言止,不说废话,这正如郑板桥的诗中所写:"删繁就简三秋树,领异标新二月花。"美国广告专家马克斯·萨克姆也说:"广告要简洁,要尽可能使你的句子缩短,千万不要用长句或复杂的句子。"

简洁广告比啰唆广告的效果要好。梁新记牙刷的"一毛不拔",四通的"不打不相识",华丹啤酒的"没有华丹不成席",这些简洁明了的广告,都能使人过目不忘、耳熟能详,印象特别深刻。

梁新记牙刷的"一毛不拔"如图1-2-27所示。

以报纸广告为例，有些广告主认为自己花了这么多的广告费，就应尽量多登一些图片及文字资料，从企业的历史到生产作业线，从产品的性能到企业领导形象……应有尽有，面面俱到，五彩缤纷一大版，把整幅广告填得满满当当、结结实实。像这样眉毛胡子一把抓、分不出轻重缓急的广告，结果是消费者根本不看，效果适得其反。

案例：Grumman只有一个标题的成功广告

在1989年7月庆祝美国"阿波罗"号登月成功20周年之际，美国格鲁曼（Grumman）公司的一则企业形象广告只有一个广告标题："二十年前，美国将所有的鸡蛋放在一个篮子里。我们生产了这个篮子。"这一则广告版面设计十分简单，它直接引用了当年"阿波罗"号成功登上月球的一幅现成照片。没有冗长的广告文案，只有一个标题，标题就是一切，它删繁就简，挑最重要的说。它先说"二十年前，美国将所有的鸡蛋放在一个篮子里。"紧随其后，笔锋一转，落到实处："我们生产了这个篮子。"真是画龙点睛。通过在《经济学家》《国家杂志》《国内周刊》和《每日新闻》《华尔街日报》《华盛顿邮报》等近十种新闻媒介所发起的广告攻势，Grumman公司对美国国防部、国会和其他政界要人恰到好处地施加了自己

图1-2-27 梁新记牙刷的"一毛不拔"

的影响，并向全世界宣传自己是美国登月舱开发和设计的先驱。这一则只有一个标题的平面广告化腐朽为神奇，它改变了读者头脑中的那个陈旧的Grumman公司的形象，而使该公司树立了一个崭新的形象——系统综合技术的革新者。

五、注重文采　　　　　　　　　　　　　　　　　　　　　　　　FIVE

写文章要有文采，写广告文案更要有文采。没有文采的广告是枯燥乏味的广告。枯燥乏味的广告吸引不了人，也就达不到广告传播的目的。因此，广告人常常把"语不惊人誓不休！"作为广告创意的座右铭。

案例：叶圣陶为书所做的广告

叶圣陶为书所做的广告文笔十分优雅。例如他为朱自清散文集《背影》所做的广告是这样写的："叙情则悱恻缠绵，述事则熨帖细腻，记人则活泼如生，写影则清丽似画，以至嘲骂之冷酷，讥刺之深刻，真似初写黄庭，恰到好处。"又如，他为沈从文的《春灯集》《黑凤集》所做的广告是这样写的："作者被称为美妙的故事家。小说当然得有故事，可是作者以体验为骨干，以哲理为脉络，糅合了现实跟梦境，运用了独具风格的语言文字，才使他的故事成了'美妙'的故事……"

六、以情动人　　　　　　　　　　　　　　　　　　　　　　　　　SIX

所有广告创意必须强调有情有义。只有"情如春雨细如丝"，才能使人在潜移默化中受到美的感染。正如我们在前面"情感思维"中所提出的那样，要充分用好热情、激情、爱情、亲情、友情、抒情与移情等手法，使广告创意能够以情动人。

案例：一则月饼对联广告

情景交融，是广告追求的一个理想境界。在澳大利亚海滨城市悉尼，中秋佳节来临之际，"中国城"的一家华人商店，有一则月饼对联广告充满了思乡之情："五岭南来，珠海最好明月夜。层楼北望，白云犹是汉时秋。"这副月饼对联，巧嵌华南地名，纵思千年历史，寄情祖国山水，爱国之情跃然纸上，好一个情景交融的广告！

七、意在言外　　　　　　　　　　　　　　SEVEN

意在言外是指语意含蓄，广告创意的功力不只是文字的表面。高明的广告创意不是明言直说，而是旁敲侧击，剑走偏锋。或是寄寓想象，或是借助形象……往往是欲擒故纵、避实就虚，一句话：贵在含蓄。此策略在实际创作中常常是"言犹尽而意无穷"，不要把什么都说"白"，而是留下一个"灰色地带"，把没有说出来的话借助于特定的意境让消费者自己去领会。这正如画家齐白石所说："……很多艺术品的美，都在'似与不似'之间，太似则媚，不似则欺世。"广告创意的魅力，很可能就在这"白"与"灰"之间。

八、出奇制胜　　　　　　　　　　　　　　EIGHT

著名广告人张小平有一句名言："凝聚每一份热，旨在爆冷！"广告创意是一种创造性的劳动。它以标新立异、推陈出新作为自己的特点。只有出奇、爆冷的广告，才能引起注意，为消费者留下深刻的印象。广告创意时常会针对人们普遍存在的逆反心理与好奇心理，刻意求新，不落俗套。当别人的广告说"做女人挺好"的时候，你千万不能学说"做男人也挺好"，因为"嚼别人吃过的馍——不香！"。在实际操作中，广告人常常运用对比、夸张、悬念、悖理、意外、反向、变异等手法以达到出奇制胜的效果。

案例：苹果 Macintosh 1984

1984 年，苹果（Apple）公司推出了第一个完全不同于 IBM 的个人计算机——Macintosh。为了宣传这一具有革命性的新一代计算机，Apple 公司委托 Chiat Day 广告公司制作了一个 60 秒的电视广告节目。广告开始时，一大群剃着光头，身着囚衣，看上去已经失去了独立思维能力的人走进一个圆形大剧场。僵尸般的行进者们入了座，默默地注视着巨大的屏幕。屏幕上的"大独裁者"（暗示 IBM 公司）告诫他们：他们是应该"一个人，一个具有统一的意志、统一的决心、朝着绝对一致的方向的人"。他那刺耳的声音在剧场中回荡。突然，剧场里出现了一个漂亮的女孩，她上身穿着一件 T 恤衫，下身穿了一条红色的短裤，脚上穿着旅游鞋，手里提着把大铁锤，顺着通道跑过来，她的身后紧跟着一群头戴防暴头盔的国家警察。正当"大独裁者"大喊"我们必胜！"时，这个女孩像掷链球似的快速旋转着铁锤，向屏幕砸去。屏幕被砸碎，立刻发出巨大的爆炸声，观众们被惊呆了。这时电视屏幕上出现了几行字，一个洪亮的充满磁性的声音朗读着："1 月 24 日，Apple 公司将推出 Macintosh 个人计算机，届时你将会明白为什么 1984 将不再像'1984'"。

电视屏幕上的广告原文是：

On January 24th,

Apple Computer will introduce

Macintosh.

And you will see why 1984

won't be like "1984".

第三节 思维训练方法

一、一种概念的放射性思维　　ONE

一种概念的放射性思维训练是创意突破的有效方式，是将托尼·巴赞的思维导图引入广告创意思维训练课程的一个发展与尝试，它比"一个形象多种意义的训练"更为进步的理由在于突破性意义，因为有突破才有创新，创意永远在一个套路上徘徊，将缺乏个性，丧失生命活力。

一种概念放射性思维的训练方法：用文字表述搭架→在创意闪光处加入图形→在多个图形的关联上加入语言。

思维导图绘制的6个步骤如下。

(1) 以大概念为中心，对概念进行分析；立足受众，洞察他们的心理，与他们一起思考、一起感受，让各种元素在脑中过电。

(2) 主题概念（也可以是中心概念图形）必须画（写）在白纸中央，从此点出发，开辟出若干不同路线，首先把思路拉开。

(3) 延着不同路线开发元素，根据生活经历与常识，将可能发生的元素沿着路线放射并快速记录下来，进而展开捕捉闪光元素的行动。

(4) 必须在40分钟左右的时间内，让思想尽快地流动起来。由于大脑必须高速工作，就松开了平常的锁链，再也不管习惯性的思维模式，因而就激励了一些新的、通常也是很明显的、荒诞的念头。这些明显的荒诞的念头应该总是让它们进去，因为它们包括了新眼光和打破旧的限制性习惯的关键。（托尼·巴赞）（为方便思考，以上几点均用文字搭架，寻找创意闪光点的过程是探险家寻宝的过程，突破常规，才能出奇制胜。）

(5) 将有新鲜感的元素用图画鲜活起来，形成导图的闪光点；或者沉思一下，让大脑对导图产生新的观点，继而进行第二次重构。

(6) 将几个有趣的闪光点连接起来，发展成一个创意雏形，继而提炼创意文案及广告语言。

练习一：思维的扩散与集中

(1) 一物多用:尽可能多地写出下列事物的各种用途（每题3分钟）。

① 葡萄酒；

② 手帕。

(2) 一题多解:尽可能多地写出下列问题的各种方法（每题3分钟）。

① 识别假货；

② 杜绝考试作弊。

(3) 判断选择：从下列各组并列因素中选出符合条件的因素（每题不超过1分钟）。

① 12生肖中有蹄的动物；

② 12个月中有可能包含5个星期三的月份；

③ 12生肖中会说话的动物。

(4) 否定判断：在下列给出的字前加字使之派生出一系列名词性的相关词汇，从中选出组词后不属于原字类别的词（每题1分钟）。

① 狗，什么狗不是狗？

② 虎，什么虎不是虎？

③ 鱼，什么虎不是虎？

④ 人，什么人不是人？

⑤ 井，什么井不是井？

⑥ 池，什么池不是池？

(5) 职业形象：设计几个简易图标作为下列职业的象征，选出最具有代表性的。

① 教师；

② 护士；

③ 警察。

练习二：求同思维与求异思维

(1) 同中求同：找出同类而不同种事物或现象之间的相同之处（每题2分钟）。

① 冰与雪；

② 肯德基和麦当劳。

(2) 异中求同：找出不同事物的相同之处。

① 狗与猫；

② 沙漠和沼泽。

(3) 异中求异：找出不同类事物的不同之处。

① 水和火；

② 粉笔和黑板。

(4) 同中求异：找出相同类事物的不同之处。

① 鸡蛋和鸭蛋；

② 网球和乒乓球。

(5) 故事接力：以下列故事作为开头，逐一口述一段故事情节（每人1分钟），既要与前一人所述内容有所联系（求同），又要有所发展变化（求异）。

① 1998年的某一天，青年工人丁大勇在电影院座位底下捡到一个黑色的公文包……

② 一群猴子抬着一大筐西瓜来孝敬美猴王。美猴王从未吃过西瓜，不知该如何下口……

练习三：正向思维与逆向思维

(1) 结果推测：根据提供的假设前提，推测应该出现的正常结果与有可能出现的异常后果（每题4分钟）。

① 去医院就诊回来服药后发现吃错药了；

② 在超市出口处结账时发现钱包被窃。

(2) 以果求因：根据提供的结果，推测产生该结果的一般原因与可以用来解释该结果的各种可能的原因（每题4分钟）。

① 地震发生后未见任何人伤亡；

② 新房建成后三年仍未有人居住。

二、创造性解决问题的过程　　TWO

创造性解决问题的过程：

提出问题——起点；

思维发散——探索可能的（并列因素）解决办法；

思维集中——选择较佳的（最佳的）因素；

如此反复直至解决问题——终点。

实训名称：由点及线的垂直思维训练

实训目的：由一原点进行扩散思维，力求突破单点，沿直线方向去深入地发想，试试自己单点发想的极限是多少。通过思维训练促进我们认识创造性思维的现象和本质，增强对创意及创造性思维后续知识和技能学习的兴趣和信心。

实训内容：以大主题××旅游公司广告提炼出一个原点"山"，对这些具有原旨性意味的抽象概念进行线性思考。如以山为原点，将所有与"山"有关的事物都抄录下来。

实训要求：思维的原点可以随机选择；围绕原点进行纵向、深入的发想，并将想法记录下来，严禁超出原点；本训练以数量论胜负，先可以定10个，逐渐强迫自己加到50个，100个……

作业步骤：教师拟定可供学生挑选的基本概念或事物→每位同学选取一个自己感兴趣的原点→围绕原点深入地发想并记录→训练结束时整理所有记录→分组进行讨论或交流。

实训向导：由点及线的垂直发想是最简单、直接的思维方法，例如想到"山"，可将所有与山有关的事物都抄录下来，看看自己能想的极限到底是多少。示例如下：

山、山头、山腰、山脚、山根、山底、山旮旯儿、山鬼、山坞、山茶、山洞、山毛榉、山竹、山货、山穷水尽、山猪、山羊、山鸡……

山三五岳、高山、青山、北山、石灰山、横断山……

实训名称：由线及面的水平思维训练

实训目的：在前面垂直思维训练的基础上，进一步发想，旨在使思维更深入、更宽广，与前面实训不同的是，本次训练侧重于横向的思维，尽量摆脱字眼的束缚。

实训内容：在上次实训的基础上继续发想，思考跟"山"有关的感觉、情绪、状况等，直探内心深处最深层的"山"，不管是具象的或抽象的，都用心记录下来，看看自己这次的思维面是否比垂直发想更宽广。

实训要求：在前面实训的基础上进行以线带面式的思维，避免陷入字面的困扰；练习时，尽量将自己的感觉用简短的形容词写出来，不要回到垂直思维的方向去；保持思维的循序渐进和层次感，不要过分追求深奥玄秘的感觉。

作业步骤：从既定的思维原点出发→围绕原点横向地自由发想→将与原点相关的感觉、感受、情绪等记录下来→训练结束时整理所有记录→分组进行讨论或交流。

实训向导：当垂直发想进行到一定的程度时，"山"已非"山"的具体事物了，而在具象中渗透了抽象的感觉，此时，相关的"山"逐步脱离"山"的字眼，进入颇具广度的、倾向于山的感觉的层次了。如果能完全摆脱垂直发想，你将感到思维空间越来越开阔，越来越与众不同。现列范例如下，希望能起到抛砖引玉的作用。

要领：不仅要有"山"的"象"，而且要有"意"，即有"山"生发出来的想象、感悟。意象可包含"山"字，不含则更好。"意"的层面种类越多越好。

（1）厚重、沉重、刚健的山，仁者乐山，五岳寻仙不辞远，一生好入名山游，轻舟已过万重山，会当凌绝顶，一览众山小，罗中立油画《父亲》，子犊的母牛伴着主人守护山林的狗，战马把负伤的战士驮回营地……

（2）轻盈、缥缈的山，曲终人不见，江上数峰青，明月松间照，清泉石上流……

（3）凄苦的山，寒山一带伤心碧，盗伐山林的农民，山洪暴发射杀藏羚羊……

实训名称：由点线面及体的立体型思维训练

实训目的：将垂直、水平思维取得的成果进行交叉重组，并加入个人的创见，融入自己的思想，看看交叉后会放射出什么样的智慧之光。

实训内容：继续保持在以"山"为主题的发想领域，用自己独特的方法将垂直和水平发想取得的成果，在象限范围内进行自由的交叉重组和联想。

实训要求：将垂直、水平思维取得的成果各挑选10至20个，填入坐标象限；围绕"山"这一主题，将风马牛不相及的词语进行搭配，连成一些有意味的话语；充分发挥个人的创见，以取得更多、更妙的创造性成果。

作业步骤：在纸上画一个十字坐标→在四个象限内列出垂直与水平思维的成果→将表达不同事物、感受的词语进行交叉重组→充分发挥主观能动性进行综合→训练结束时整理所有记录→分组进行讨论或交流。

实训向导：将垂直线和水平线交叉，并分别在四个象限领域填上垂直与水平思维最满意的发想（各不少于10个），按东南西北方向来回进行交叉、搭配，做自由的联想训练。或用洗牌方法，如：猫王→山歌→伴着主人守护山岭的狗；鸟鸣山更幽→常饮"三鞭酒"的男人→射杀的藏羚羊；舐犊情深的母牛→青山遮不住→拳王泰森。

三、创意的执行　　THREE

创意只停留在好的想法上是不够的，还必须呈现出来。每个行业都有自己的标准，好的标准是一种通过大量案例总结出来并被实践证明行之有效的知识与规律。因此，执行的过程也是提高审美力的过程。

（1）审美观不是与生俱来的。

美感的形成需要学习，这种学习不同于文化知识的学习，不能通过阅读或背诵来完成；审美体验不能空谈，它需要经历感染、熏陶与积淀，需要从各种艺术形式中吸收营养。

（2）形式美是人类精神财富的积累，是一种格调。

形式美有其表达美的设计规律，追寻的是受众愉悦的感受，它会让人关注并产生好感。具有形式美感的设计能把社会的基本需求变成品味，美化生活的点滴，从某种意义上说是人类进步的表现。

（3）创意不可以抄，但形式是可以借鉴的。

我们学习培养的是美感，积累多了就会综合运用，还能发展创新。"新"并非是"好"，"好东西"经受了时间检验就会被确认。许多国际广告人都在向艺术取经，向各种艺术风格汲取表现力量。同学们也应吸纳这种方法，通过多看、多学、拿来我用，可让作品面貌尽快脱离初学味，快步得到提升并给人以美的感受。

（4）杰出的广告面貌新鲜。

为让学习者做到更优秀，还必须强调这样的观点：表现也需要创新，它的雷同同样具有副作用。因此，在要求同学们尽情欣赏精彩作品、吸收它能带来的所有好处的同时，也要获得启发，这种启发不是去模仿，而是激励回到原点：一个来自自身的原创。

（5）执行要素把握：拍照、榜样作品、形式美法则的运用。

学生水平都会有高低，如果能帮助所有同学，通过一个概念——带入大胆想的轨道——游到彼岸，再通过自我检测——懂得更好的创意需要更多更多的支持——下次我会自己去努力，那么就基本实现了教学任务。

通过检测还能养成"具有限定性的、服从于大创意指挥"的思维习惯。

第三届海峡两岸大学生艺术节部分作品如图1-2-28和图1-2-29所示。

第六届全国大学生广告大赛中南片区部分作品如图1-2-30至图1-2-43所示。

图 1-2-28　胡斯琴作品（邓楚君指导）　　　　图 1-2-29　杨龙作品（邓楚君指导）

图 1-2-30　李凯　周亚虹作品（省一等奖）（邓楚君指导）　　图 1-2-31　李凯　周亚虹作品（省一等奖）（邓楚君指导）　　图 1-2-32　李凯　周亚虹作品（省一等奖）（邓楚君指导）

图 1-2-33　张慧芬作品（省三等奖）（邓楚君指导）　　图 1-2-34　张慧芬等作品（省三等奖）（邓楚君指导）

图 1-2-35　张慧芬作品（省三等奖）（邓楚君指导）　　图 1-2-36　李凯作品（二等奖）（韩一枚指导）

图 1-2-37　李凯作品（二等奖）（韩一枚指导）　　　图 1-2-38　李凯作品（二等奖）（韩一枚指导）

 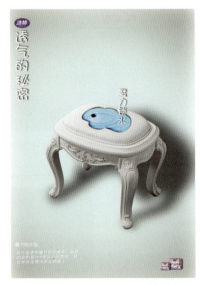 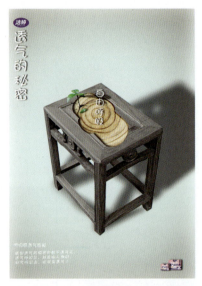

图 1-2-39　王雨晨作品（省二等奖）　　图 1-2-40　王雨晨作品（省二等奖）　　图 1-2-41　王雨晨作品（省二等奖）
　　　　　（邓楚君指导）　　　　　　　　　　　（邓楚君指导）　　　　　　　　　　（邓楚君指导）

图 1-2-42　邵爽作品（省一等奖）（刘臻指导）　　　图 1-2-43　邵爽作品（省一等奖）（刘臻指导）

第三章
广告设计的表现形式

G UANGGAO

C EHUA

C YU SHEJI

教与学的目标和要求

广告的表现方式解决的是"怎么说",包括文字、图形、色彩、版式,让学生初步了解广告表现的方式、方法并能运用到以后的广告实践中。

教学方法

实例引导,讲授为主,课题辅导。

教学内容

广告与文字设计、广告与图形设计、广告与版式设计、广告与编排设计。

教学重点

广告图形创意,图形是广告创意的灵魂;广告设计与版式设计的美学原理。

第一节 广告与文字设计

一、文字在广告中的作用 ONE

文字是广告作品构成中的主要元素之一。特别是用在表现企业名称、产品名称以及各种广告宣传媒体上的广告用语与文字说明,除了文字的本身含义之外,字体的式样,字的行距、字距、大小组合在视觉上都有着重要的意义,有的广告设计,甚至以文字作为重要的构成主体。

文字与广告如图1-3-1至图1-3-8所示。

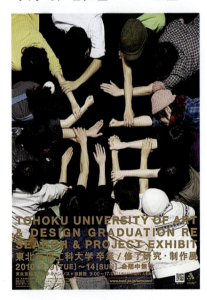
图1-3-1 文字与广告一

图1-3-2 文字与广告二

图1-3-3 文字与广告三

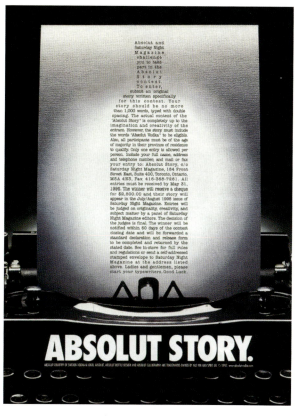

图 1-3-4　文字与广告四　　　　　图 1-3-5　文字与广告五

图 1-3-6　文字与广告六

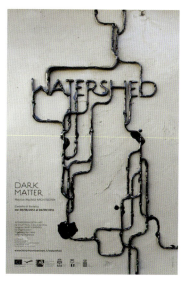
图 1-3-7　文字与广告七

图 1-3-8　文字与广告八

二、字体的构成要素与种类　　　　　　　　　　　　　　TWO

　　五六千年来一直流传至今的汉字,是世界上独存的象形表意的文字,每个字都有独立的意义。最早的汉字、甲骨文、钟鼎文,包括篆体都是因形知义的文字,隶体后把汉字原来的自行线条规范为点、横、撇、竖等笔画,成为表意兼标音文字的典范。汉字字体形式独特,含意丰富,源远流长,风格各异。

1. 雕刻的文字符号——甲骨文

甲骨文（见图1-3-9）呈竖向排列形式，大小不等，文字的起笔、收笔呈尖形，转折处笔画过渡明显，文字呈现雕刻痕迹。甲骨文笔法纯熟，雕刻技艺精湛。甲骨文在发展之始，就以书写和雕刻形式保留文明的符号。

2. 不朽的青铜器铭文

青铜器始于商末，盛行于西周。青铜器上的铭文又称金文、钟鼎文。铭文的内容主要记录祭祀、重大历史事件及社会活动。青铜器铭文如图1-3-10和图1-3-11所示。

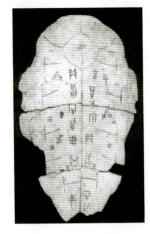
图1-3-9 甲骨文

图1-3-10 青铜器铭文一

图1-3-11 青铜器铭文二

3. 石刻文字

为了更好地学习、掌握汉字书写、变形的技法、技巧，对汉字的特点、结构、演变必须有一个概括的了解。公元前221年，秦始皇统一中国，对殷周以来的古文字进行了整理、统一，将文字进一步简化、规范化，并废除了大量分散在各国区域性的、变化多端的异体字。中国现存的最早的石刻文字（见图1-3-12），是周秦时刻在鼓形石头上的石鼓文，其作为大篆的代表作流传至今。

汉字的书写体如图1-3-13所示。

图1-3-12 石刻文字

图1-3-13 汉字的书写体

由篆体简化而来的隶体，在书写过程中更趋简捷、易写。汉代盛行隶书的典范之作为汉碑，被后人大量临摹并应用。

楷书由隶书演变而来，楷书始于汉末，魏晋以后开始广为流行。楷书的书写速度比隶书提高了，楷书主要由点、线等笔画组成的符号所构成，楷书笔画平直、形体方正，书写方便，直到现在仍为我国的主要应用字体。

从汉代开始到唐代，是草书发展的鼎盛时期，草书笔势狂奔，气势粗犷有力，一气呵成，有极强的视觉冲击力与艺术感召力。富有中华民族特色的书法艺术，成为广告平面设计取之不尽的源泉。

常用的印刷体主要有几种：仿宋体（又分为长仿宋、方仿宋两种，长仿宋的比例大体为1∶15，方仿宋的比例为1∶1）、老宋体、变形宋体、黑体和楷体。

仿宋体的笔画粗细大体一致，起落均有顿笔，横画略微上挑，且落笔处有三角形突起状，竖画落笔宜回收。仿宋体挺拔秀丽，给人以清秀、刚劲上扬之感，常用于诗文、文章引文、序言及各种说明文。

老宋体（见图1-3-14）的高与宽的比例为1∶1，但横画细、直画粗，差度较大。这种字体的用途比较广泛。该字体结构方正典雅、严肃稳重、笔画严谨，且带有一定的装饰性，被报刊上的大标题广泛采用。

变形宋体（见图1-3-15）不拘限于一定的高宽比例，可按版面横、竖变化而定，或长或偏，一般避免正方形。变形宋体的笔画综合了仿宋、老宋的特点而独树一帜，自成一体。在变形中，变形宋体的横竖笔画粗细一般相差不大，这种字体给人以严肃、醒目、活泼、有力之感，大量适用于POP（point of punchase，销售点）广告中的户外广告、横幅标语等。

图1-3-14　老宋体 　　　　　图1-3-15　变形宋体

黑体（见图1-3-16）比例有正方、长方或偏体，笔画粗细横竖比较接近，笔画起笔为方形，折笔处为平直角形，尤突起转折。这种字体看上去深厚有力、庄重、朴素、醒目大方，一般用在招贴、样本的标题及户外横幅广告上。

楷体（见图1-3-17）接近于手写体，笔画比较丰满，看上去自然大方，常用在印刷通俗读物、儿童读物、户外招贴等处。

图1-3-16　黑体 　　　　　图1-3-17　楷体

各种字体如图1-3-18所示。

三、字体书写的要领与属性　　THREE

一些有特殊要求的广告设计和富有个性的标志中的标准字体，一般均不能采用现有的字体，而要在原有的字体基础上进行变形加工，重新塑造，勾画出别具一格、风格独特的宋体。

随着科学文化的不断进步与发展，字体的式样也越来越丰富多样，在字体的软件字库中，有各种变化的字体（上百种）可供选择采用。这就对美术设计人员提出了不仅要有会选用电脑文字字库的能力，而且还要具备手写美术字体的能力。

汉字规范如图 1-3-19 所示。

汉字的基本笔画离不开八种，即"永"字八法（见图 1-3-20）中的横、竖、点、撇、捺、挑、折、钩。

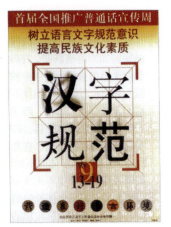

图 1-3-19　汉字规范

图 1-3-18　各种字体

图 1-3-20　"永"字八法

由这八种不同的方向、长短、数量组合产生出一系列不同偏旁，再由不同的偏旁按不同的部位相组合，形成完整的方体字。文字书写要根据字体的结构规律，笔画间相互穿插配合、匀称适度，字与字之间相互排列疏密得当，富有节奏韵律感。文字点画之间的空白、虚实相间，方能取得较好的画面效果。

汉字的结构方法虽没有绝对标准的模式，但它还是有一定的原则可循的。字的结构原则，概括地讲，要做到比例适当、搭配匀称、重心平衡，就是力求平衡并在平衡的基础上求得变化，才能书写出妥帖端正的字。但是，平衡并不是绝对均衡，要在平衡之中体现出长短、大小、轻重等错落变化，使写出的字生动活泼，具有艺术美。而绝对均衡的字体只会使字显得机械刻板、平淡无味。

设计书写美术字体，首先要能够并学会"解剖"字体，分析字体的笔画结构，字体的偏旁有简有繁、有高有低，在"设计"字体时，必须研究每个字体笔画的结构，根据每个字体的不同情况、偏旁和笔画来设计安排。常用汉字有千余种，但其偏旁和笔画万变不离其宗，我们可以从中找出规律性的东西，问题就可迎刃而解了。

在广告设计中，经常需要将标准字体变形（拉长或压扁）。在实际运用中，当字体被拉长时，其高度不变只是宽度缩小，同样，当字体被压扁时，其宽度不变只是高度减小。常规变形率有 10%、20%、30%、40% 等几种，可以通过变形换算把握字体变形后的实际高度与宽度。如果 20 级的字按 10%、20%、30% 和 40% 进行拉长变形，其宽度实际级数分别变为 18 级、16 级、14 级和 12 级。如果该字体进行变形变化，同样其高度分别是 18 级、16 级、14 级和 12 级。变形后的字体可以称为扁体字和平体字。

变形还可以进行斜体变形：左斜、右斜、正斜、长斜、平斜。同时，要根据变形换算后的实际数据来调整字距与行距。

随着科技的发展，原来的铅字排版已被摄影植字取而代之，摄影植字又被电脑排版系统取而代之，激光打字替代了照相排字。电脑对字体变化的处理能力远远超过了摄影植字机，电脑字库中，中西文字种类繁多，字体变化丰富，随意性强，选择余地大，但在设计中，选择字体时，必须根据广告主题、内容、风格对字体进行适当的变形与改造，使之更富有个性，尤其是选择广告标题字体时更应如此。

广告中的字体如图1-3-21所示。

不同的字体会渗透出不同的性格与属性，如黑体、新魏碑等豪放、粗犷，仿宋、宋体、楷体庄重、典雅，行书、草书潇洒、飘逸等。字体的属性不同，在设计平面广告作品时，可结合商品的不同特性来选用。

● 体育用品包装的字体常采用动感强的字形。

● 药品包装的字体则必须给人以信任感、稳重感，书写字体宜笔画清晰。

图1-3-21　广告中的字体

● 化妆品多用秀丽、飘逸的字体来衬托、渲染化妆品的高雅。

● 玩具则往往用"儿童手写体"来展现，活泼的字形与童心稚气相通。

● 工艺品、仿古制品、民间艺术品等，用仿古体较多，给人以历史的沉淀感。

● 大多机械类商品，为了表现商品金属坚韧、刚劲的特性，一般采用结实、粗壮的字体，如黑体。

● 纺织品、服装类的广告，包装字体一般写得轻松、柔和。唱片、VCD、书籍封面的文字选用时也应该考虑与商品内容、风格、销售对象相吻合，少儿读物的封面文字与玩具广告的字体有相仿之处。这些都要结合具体商品的属性、特点、功能来选择。

字体与广告如图1-3-22至图1-3-24所示。

图1-3-22　字体与广告一

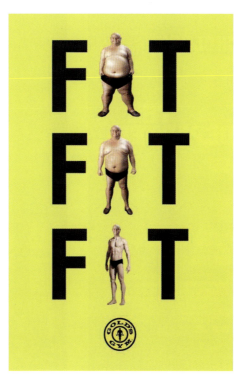

图1-3-23　字体与广告二

图1-3-24　字体与广告三

4000多年前，在塞姆人中产生了抽象化的音符，这符号比埃及的象形文字还简单。后来这种文字传到古希腊，希腊人应用几何学原理对古文字加以整理改造，渐渐地产生了26个字母，并沿用至今。建于公元前114年的罗马特拉雅努斯大帝纪念柱上的古罗马字体，庄重典雅，美观匀称。文艺复兴时期古罗马体备受重视并被广泛采用，在古罗马体的基础上逐渐演化出新罗马体。应用方形、圆形和三角形等几何构成方法而产生的26个字母的古罗马体，随着机械印刷和工业革命的变迁，发展成以直线装饰线条为主的现代罗马体。

字母字体如图1-3-25至图1-30所示。

ABCDEFGHIJKL
MN
OPQRSTUVWXYZ

图 1-3-25　字母字体一

图 1-3-26　字母字体二

图 1-3-27　字母字体三

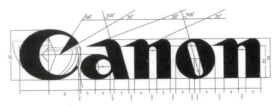

图 1-3-28　字母字体四

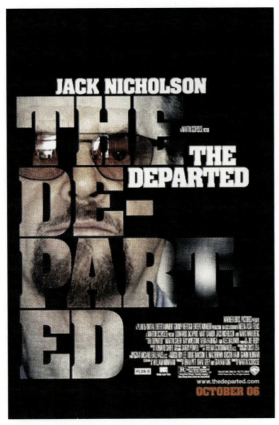

图 1-3-29　字母字体五

图 1-3-30　字母字体六

第二节 广告与图形设计

一、图形在广告中的作用　　ONE

在当今日新月异的信息化社会中,图形在广告传播中的地位日益提高。面对这种形势,设计师需要深入研究图形创意的规律,设计出具有高水平的创意图形,使之在大众的信息传播中发挥应有的重要作用,从而为社会的进步与文明的发展做出应有的贡献。

二、平面广告的图形设计　　TWO

(一)联想是图形创作的基础

联想是指由A事物而想到B事物的心理过程,或是由两个毫不相干事物通过中间联想媒介产生内在联系,就会有新的事物产生。

1. 虚实联想

构成图形主题思想的许多概念是抽象的,依靠人们的大脑去思索,根据自己的经验形成一种有形的想象。

图形广告如图1-3-31至图1-3-33所示。

图1-3-31　虚实联想广告一

图1-3-32　虚实联想广告二

图1-3-33　虚实联想广告三

2. 接近联想

接近联想是指在时间或空间上接近的事物产生的联想。两个或两个以上的物体有相互依赖、相互作用、相互依存的关系。在某一时段发生的两个或两个以上的事情,或许是巧合,或是有某种关联。

接近联想广告如图1-3-34至图1-3-36所示。

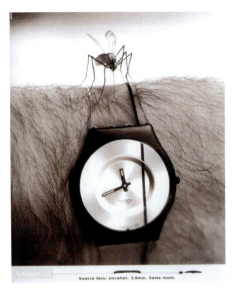
图 1-3-34 接近联想广告一

图 1-3-35 接近联想广告二

图 1-3-36 接近联想广告三

3. 类似联想

类似联想是将形似、义近的事物加以类比而产生的联想。类似联想广告如图 1-3-37 至图 1-3-39 所示。

图 1-3-37 类似联想广告一

图 1-3-38 类似联想广告二

图 1-3-39 类似联想广告三

4. 对比联想

对比联想是指对性质和特点相反的事物产生联想，如黑与白、冰与火等。对比联想广告如图 1-3-40 和图 1-3-41 所示。

图 1-3-40　对比联想广告一

图 1-3-41　对比联想广告二

(二) 想象是图形创作的动力

1. 再造想象

再造想象是指作者根据语言文字或其他艺术作品的形式、内容与素材等要素的启示，以及自己长期积累的知识、经验，创造性地向其注入新的要素，再造出相应的形象的心理过程。图 1-3-42 和图 1-3-43 所示为再造想象广告。

图 1-3-42　再造想象广告一

图 1-3-43　再造想象广告二

2. 创造想象

创造想象是根据一定的目的、任务独立地创造出一个全新的视觉形象的心理过程。这种全新的视觉形象的创造必须用自己积累的知觉材料作为基础。创造想象以显示生活中的客观事物为基础，但是它已经超越了现实生活和客观事物的发展规律。

想象与广告如图 1-3-44 至图 1-3-46 所示。

图 1-3-44　想象与广告一　　　　图 1-3-45　想象与广告二　　　　图 1-3-46　想象与广告三

3. 解构重组

为了把素材组合成新的形象，就要把有关的素材加以分解重构，这就是解构。形象素材的解构过程，实际上就是形象的分析过程。世界万物都可以逐一分解、分割成无数细小单位，而每一个细小的单位都分别包含着被分解、切割的主体原本固有的特性。

解构重组如图 1-3-47 至图 1-3-50 所示。

   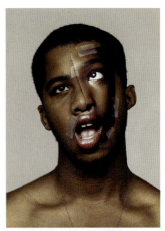

图 1-3-47　解构重组一　　　图 1-3-48　解构重组二　　　图 1-3-49　解构重组三　　　图 1-3-50　解构重组四

4. 异质整合

在图形设计中，把已有的不同物象，按一定的目的和意义，根据其内在的相关性，运用异质整合的方式加以重新组合，获得与原本完全不同的新视觉形象，这种图形的设计方式，称为异质整合。

图形的整合（见图 1-3-51 至图 1-3-55）一般按照两种方式进行，即同物象的整合和不同物象的整合。

图 1-3-51　图形的整合一

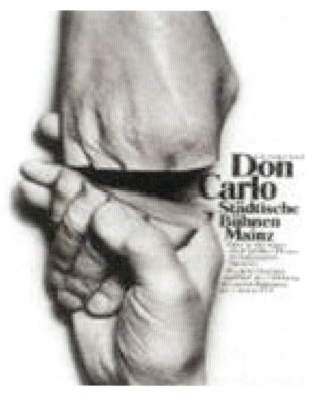

图 1-3-52　图形的整合二

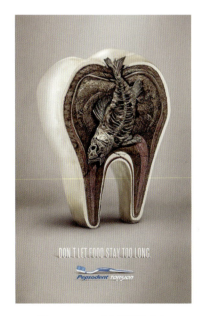

图 1-3-53　图形的整合三

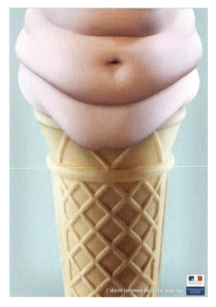

图 1-3-54　图形的整合四

图 1-3-55　图形的整合五

三、整合同构图形　　　　　　　　　　　　　　THREE

利用消除边框，或是隐形边框的手法，或是把一个图形隐藏在另一个新形象中的图形称为同构图形，它能使人产生神秘的感觉。

整合同构图形如图 1-3-56 所示。

图 1-3-56　整合同构图形

四、整合形影图形　FOUR

由于光的作用物体会呈现出自身的投影，物体为形，投影为影，影依形而存在，把形和影联系起来构成的图形就是形影图形。

整合形影图形如图 1-3-57 和图 1-3-58 所示。

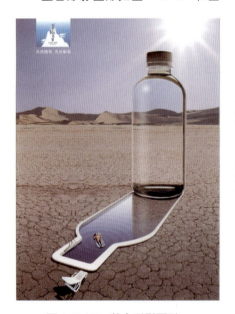 

图 1-3-57　整合形影图形一　　　　　　　　　图 1-3-58　整合形影图形二

五、整合异影图形　FIVE

当影子投射到背影上时，如果背景是凹凸不平的或扭曲的，影子也会因之变形；同时，如果光源变动其距离或角度，影子也会随之变形，这些就是原始的异影。

整合异影图形如图 1-3-59 至图 1-3-61 所示。

图 1-3-59　整合异影图形一

图 1-3-60　整合异影图形二

图 1-3-61　整合异影图形三

六、整合文字图形　　　　　　　　　　　　　　　　　　　　SIX

把文字素材与其他素材包括具象性、抽象性以及符号结合起来，形成一个统一的图形，这是综合性文字图形。综合性文字图形可以把各种不同素材的固有的优点组织起来形成新的优势，增强图形的表现力，取得良好的视觉传达效果。

整合文字图形如图 1-3-62 所示。

七、整合变异类图形

（一）换置图形

换置图形是将原形象素材中的某一部分换上另一种形象素材而组合成新的形象。图1-3-63所示为置换图形。

图1-3-62　整合文字图形

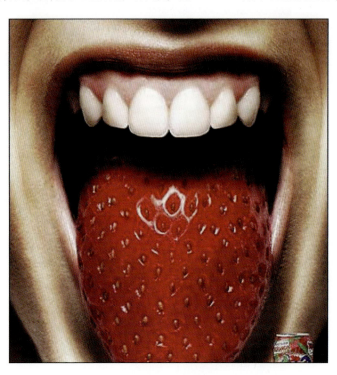

图1-3-63　换置图形

（二）延异图形

延异图形是指在图形中，将一种形象通过一些过渡的形象变成另一种形象，从而显示出渐变的过程。图1-3-64至图1-3-66所示为延异图形。

图1-3-64　延异图形一

图1-3-65　延异图形二

图1-3-66　延异图形三

八、整合怪诞类图形

这类图形所提供的图形,是现实生活中没有也不可能发生的,使人感到非常怪异、荒诞,给人以深刻印象而不易忘怀。

(一) 混维图形

混维图形是指将二维形象与三维形象混淆起来而组成一种奇异的图形。(见图 1-3-67 和图 1-3-68)

图 1-3-67 混维图形一

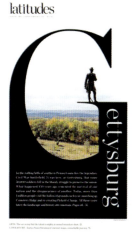
图 1-3-68 混维图形二

(二) 互悖图形

"悖"是相反的意思,"互悖"就是互相矛盾。这种图形利用人眼的错觉和透视学上的错误,造成在画面上互相矛盾、现实生活中不可能出现的荒谬图像。

互悖图形如图 1-3-69 和图 1-3-70 所示。

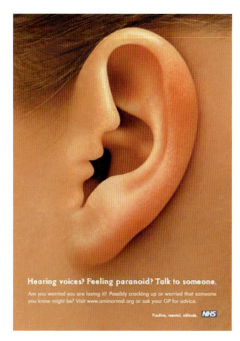
图 1-3-69 互悖图形一

图 1-3-70 互悖图形二

九、拟仿类图形

在拟仿类图形中，一种形象要模拟、模仿另一种形象。

（一）仿结图形

仿结图形：模仿扣结的形式，特别是被认为不能打结的物体刻意模仿扣结的方法，以达到表现主题意义的效果。仿结图形如图 1-3-71 至图 1-3-73 所示。

图 1-3-71　仿结图形一　　　　　　图 1-3-72　仿结图形二　　　　　　图 1-3-73　仿结图形三

（二）仿曲图形

仿曲图形：将某些按常理不能弯曲的形象，刻意地加以弯曲，创造出新的图形，表达新的意念。（见图 1-3-74 至图 1-3-76）

图 1-3-74　仿曲图形一　　　　　　图 1-3-75　仿曲图形二　　　　　　图 1-3-76　仿曲图形三

（三）仿穿插图形

仿穿插就是将一个物体插入另一个物体之中，或一个物体中包含着另一个物体形成穿插效果。仿穿插图形如图 1-3-77 和图 1-3-78 所示。

图 1-3-77　仿穿插图形一

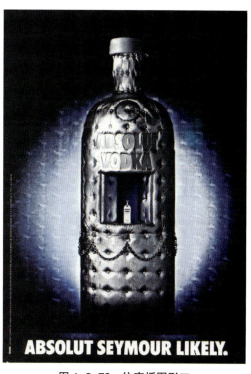

图 1-3-78　仿穿插图形二

（四）拟人图形

拟人图形：模仿人的动作、思想、行为、意识等形式产生拟人类活动的艺术效果。（见图 1-3-79 至图 1-3-82）

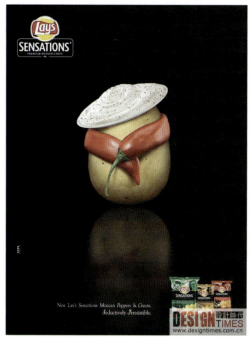

图 1-3-79　拟人图形一

图 1-3-80　拟人图形二

图 1-3-81　拟人图形三

图 1-3-82　拟人图形四

第三节　广告与版式设计

在平面广告设计中，版面的编排是很重要的，它使各种构成要素和谐地出现在同一个版面上，互相衬托，互相呼应，把广告的内容强有力地传达给受众，引起受众的注意和兴趣，达到销售商品或建立知名度的目的。

版面编排如图 1-3-83 所示。

一、版面编排视觉流程　　　　　　　　　　　　　　　　　ONE

所谓视觉流程，就是人的视觉在接收外界信息时的流动程序。版面设计的视觉流程是一种"空间的运动"，是视线随各元素在空间沿一定轨迹运动的过程。这种视觉在空间的流动线为"虚线"，正因为它"虚"，所以设计时容易被忽略。

（1）眼睛有一种依次注意 4 点的倾向。这些点位于图 1-3-84 中直线的交叉点上，这些直线把图的长和宽分别三等分。

（2）眼睛有一种停留在一幅画面左上角的倾向。

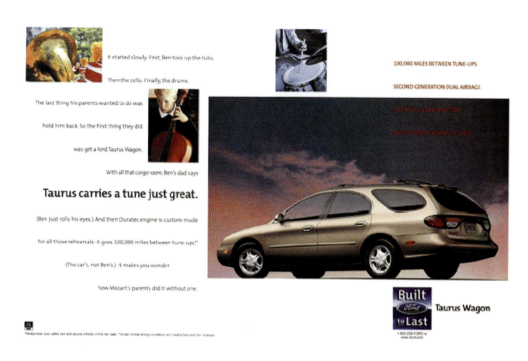

图 1-3-83　版面编排

(3) 眼睛总是顺时针看一张图片（见图 1-3-85）。

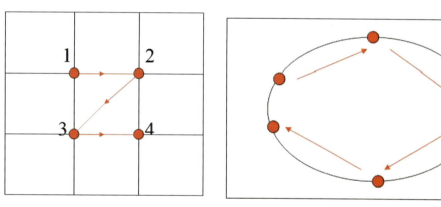

图 1-3-84　直线的交叉点上　　　　图 1-3-85　图片（顺时针看）

(4) 眼睛总是首先看图片上的人，然后注意诸如云彩、汽车等移动的物体，最后才注意到固定的物体。
既然我们都有一种从左到右、从上到下观察物体的习惯，毫无疑问，追寻这些视觉规律构建画面是最好的方式。

二、视线流动规律　　　　　　　　　　　　　　　　　　　TWO

(1) 某一视觉信息具有较强的刺激度时，就容易为视觉所感知，人的视线就会移动到这里，成为有意识注意，这是视觉流程的第一阶段。

(2) 当人们的视觉对信息产生注意后，视觉信息在形态和构成上具有强烈的个性，形成周围环境的相异性，因而能进一步引起人们的视觉兴趣，在物象内按一定顺序进行流动，并接收其信息。

(3) 人们的视线总是最先对准刺激力强度最大之处，然后按照视觉物象各构成要素刺激度由强到弱地流动，形成一定的顺序。

(4) 视线流动的顺序，还要受到人的生理及心理的影响。

（5）由于眼睛的水平运动比垂直运动快，因而在观察物象时，容易先注意水平方向的物象，然后才注意垂直方向的物象。人的眼睛对于画面左上方的观察力优于右上方，对右下方的观察力又优于左下方，因而，一般广告设计均把重要的构成要素安排在左上方或右下方。

（6）由于人们的视觉运动是积极主动的，具有很强的自由选择性，往往是选择所感兴趣的视觉物象，而忽略其他要素，从而造成视觉流程的不规划性与不稳定性。

（7）组合在一起具有相似性的因素，具有引导视线流动的作用，如形状的相似、大小的相似、色彩的相似、位置的相似等。

可以说视觉流程运用的好坏，是设计师设计技巧是否成熟的表现。

三、视觉流程的形式

（1）竖向视觉流程（见图1-3-86至图1-3-90）：引导视线做上下流动，具有坚定、直观的感觉。

图1-3-86　竖向视觉流程一

图1-3-87　竖向视觉流程二

图1-3-88　竖向视觉流程三

图1-3-89　竖向视觉流四

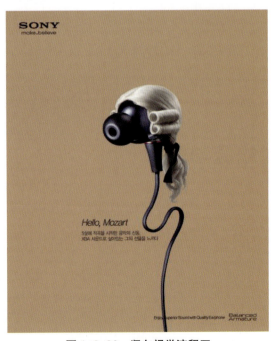
图1-3-90　竖向视觉流程五

（2）横向视觉流程如图 1-3-91 至图 1-3-93 所示。

图 1-3-91　横向视觉流程一　　　　图 1-3-92　横向视觉流程二　　　　图 1-3-93　横向视觉流程三

（3）斜向视觉流程（见图 1-3-94 和图 1-3-95）比竖向、横向视觉流程有更强的视觉诉求力，会把我们的视线往斜方向引导，以不稳定的动态引起注意。斜向的折线按其内角情况而向各自的方向流动。

图 1-3-94　斜向视觉流程一　　　　　　　图 1-3-95　斜向视觉流程二

（4）曲线视觉流程如图 1-3-96 和图 1-3-97 所示。

图 1-3-96　曲线视觉流程一　　　　　　　图 1-3-97　曲线视觉流程二

(5) 重心视觉流程如图 1-3-98 和图 1-3-99 所示。

图 1-3-98　重心视觉流程一

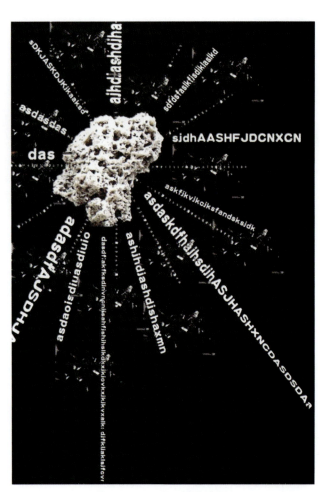

图 1-3-99　重心视觉流程二

(6) 反复视觉流程如图 1-3-100 和图 1-3-101 所示。

图 1-3-100　反复视觉流程一

图 1-3-101　反复视觉流程二

（7）导向视觉流程通过诱导元素，主动引导读者视线向一定方向顺序运动，由主及次，把画面各构成要素依序串联起来，形成一个有机整体，使重点突出，条理清晰，发挥最大的信息传达功能。编排中的导线，有虚有实，表现多样，如文字导向、手势导向、形象导向以及视线导向等。

杏仁巧克力广告如图 1-3-102 所示。广告语：你有什么办法让杏仁进到巧克力里面去？评析：此图意在说明，让杏仁进到巧克力里边，并不像人们想象的那么容易。

中国台湾台北国际贸易中心广告如图 1-3-103 所示。广告语：怎样才能在世界贸易复杂局面中不迷路？评析：台北国际贸易中心给你指路！

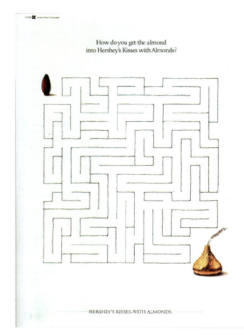 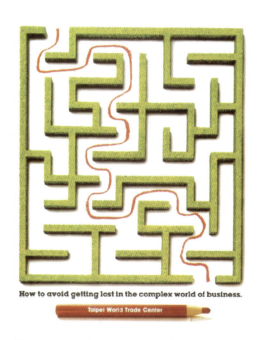

图 1-3-102　杏仁巧克力广告　　　　图 1-3-103　中国台湾台北国际贸易中心广告

（8）散点视觉流程是指版面中图与图、图与文字间成自由分散状态的编排，强调感性、自由随机性、偶合性、空间感和动感，追求新奇、刺激的心态，常表现为较随意的编排形式。它的阅读过程不如直线、弧线等流程快捷，但更生动有趣。也许这正是版面刻意追求的轻松随意与慢节奏的效果，这种方式在国外平面设计中十分流行。散点视觉流程如图 1-3-104 和图 1-3-105 所示。

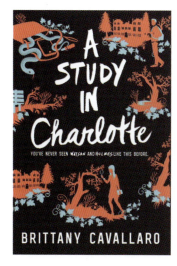 

图 1-3-104　散点视觉流程一　　　　图 1-3-105　散点视觉流程二

（9）最佳视域即版面设计时将重要的信息或视觉流程的重点安排在注目价值最高的位置。最佳视域如图1-3-106所示。

版面中，不同的视域，注目程度不同，心理上的感受也不同。上部给人轻快、漂浮、积极高昂之感，下部给人压抑、沉重、消沉、限制、低矮和稳定之印象。左侧感觉轻便、自由、舒展，富于活力；右侧感觉紧促、局限却又庄重。版面的相关比例如图1-3-107所示。

版面实例如图1-3-108至图1-3-112所示。

图 1-3-106　最佳视域

53%
47%

56%	44%

33%	28%
23%	16%

17%
44%
28%
17%

图 1-3-107　版面的相关比例

图 1-3-108　版面实例一

图 1-3-109　版面实例二

图 1-3-110　版面实例三

图 1-3-111　版面实例四

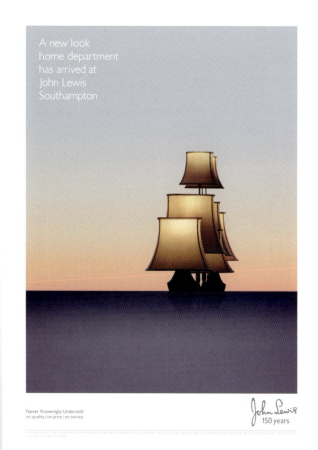

图 1-3-112　版面实例五

四、视觉流程运动中应注意的事项　　FOUR

1. 视觉流程的逻辑性

首先要符合人们认识的心理顺序和思维活动的逻辑顺序，故而，广告构成要素的主次顺序应该与其吻合。

例如，图片所提供的可视性比文字更好，把它作为广告版面的视觉中心，比较符合人们在认识过程中先感性后理性的顺序。

2. 视觉流程的节奏性

节奏作为一种形式的审美要素，不仅能提高人们的视觉兴趣，而且在形式结构上也利于视线的运动。它在构成要素之间位置上要造成一定的节奏关系，使其有长有短、有急有缓、有疏有密、有曲有直，形成心理的节奏，以提高观众的阅读兴趣。

3. 视觉流程的诱导性

现代广告的编排设计上，十分重视如何引导观众的视线流动。设计师可以通过适当的编排，左右人们的视线，使其按照设计意图进行顺序流动。

五、版面编排的形式法则　　FIVE

（1）大与小的对比如图 1-3-113 和图 1-3-114 所示。

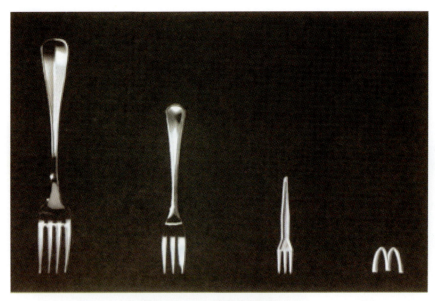

图 1-3-113　大与小的对比一

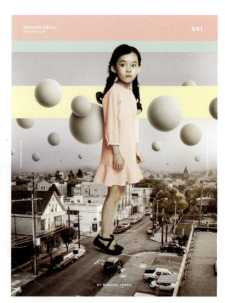

图 1-3-114　大与小的对比二

（2）明暗的对比如图 1-3-115 和图 1-3-116 所示。

图 1-3-115　明暗的对比一

图 1-3-116　明暗的对比二

（3）曲与直的对比如图 1-3-117 和图 1-3-118 所示。

图 1-3-117　曲与直的对比一

图 1-3-118　曲与直的对比二

（4）动与静的对比如图 1-3-119 至图 1-3-121 所示。

图 1-3-119　动与静的对比一

图 1-3-120　动与静的对比二

图 1-3-121　动与静的对比三

（5）疏与密的对比如图 1-3-122 所示。

图 1-3-122 疏与密的对比

在广告设计编排时，疏则表示空白，密则表示图或文字。在大量空白中，有一段稠密的文字或图，一定会格外突出，而在密布的文字或图面中留有一块空白，则这块空白亦十分醒目。疏密对比，会使整个画面更加生动、新颖。广告编排如图 1-3-123 至图 1-3-126 所示。

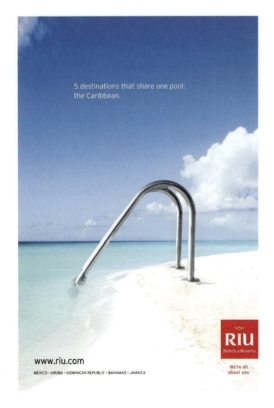

图 1-3-123　广告编排一

图 1-3-124　广告编排二

图 1-3-125　广告编排三

图 1-3-126　广告编排四

（6）垂直与水平的对比（见图 1-3-127 和图 1-3-128）。垂直线有动感，有向上的伸展活动力，使画面冷静、鲜明；水平线具有稳定平和感，沉着理智感。将两者进行对比处理，不但能使画面产生紧凑感，还能避免产生冷漠、呆板的效果。

图 1-3-127　垂直与水平的对比一

图 1-3-128　垂直与水平的对比二

（7）虚与实对比（见图 1-3-129 和图 1-3-130）。将次要的辅助的景物隐去，使主体表现物更加突出。这种手法经常在摄影中运用。编排设计时，运用此方法，可以取得很好的效果。

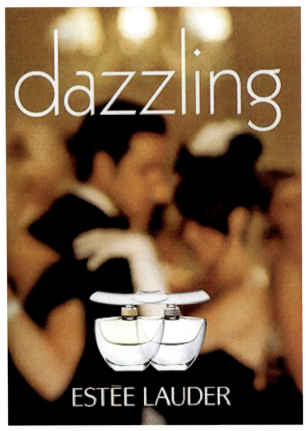
图 1-3-129　虚与实对比一

图 1-3-130　虚与实对比二

（8）浓与淡的对比（见图 1-3-131 和图 1-3-132）。浓与淡一般是对于色彩与明暗度而言的。可以在淡淡的背景底子下，配置色彩浓烈的图片，这样会起到相互烘托的效果，反之亦然。也有由上到下、由左到右的逐渐由浓变淡或由淡变浓的对比。

图 1-3-131　浓与淡的对比一

图 1-3-132　浓与淡的对比二

（9）均衡（见图1-3-133和图1-3-134）。四平八稳的均衡呆板单调，毫无生趣。不讲究均衡，则会产生不稳定、不可靠、不安全的感觉。只有在动态的情况下，在变化中谈均衡，才生动有趣。如何在变化的动态中取得均衡呢？就是在偏重一方的另一侧进行调节，如同在倾斜向一侧的天平的另一侧加码一样。

图1-3-133 均衡一

图1-3-134 均衡二

（10）对称如图1-3-135所示。对称的编排会显出高格调、风格化的意向，但运用不好则会呆板无聊，毫无情趣可言。只有在刻意强调庄重、严肃和非同一般的时候，才能运用。

（11）强调如图1-3-136所示。在同一格调的版面中，在不影响整体风格的前提下，加以变化，就会产生强调的效果。强调打破了版面的单调感，如同一颗石子丢进平静的水面，产生涟漪一样。

图1-3-135 对称

图1-3-136 强调在图片中的运用

强调可以在图片中运用，也可在文字中运用。强调可以使画面紧凑起来，强调会使画面和文案都生动起来。强调在图片中的运用如图 1-3-137 所示。

图 1-3-137　强调在图片中的运用

（12）韵律如图 1-3-138 和图 1-3-139 所示。将不同的音符联系起来就会产生韵律，将不同形状反复排列，同样会在视觉上产生韵律感。三次、四次……反复出现，不仅印象强烈，而且韵律感优美。韵律感运用得当会使人产生轻松、稳定的感觉。

图 1-3-138　韵律一

图 1-3-139　韵律二

(13）视觉导向如图 1-3-140 和图 1-3-141 所示。编排设计的目的是利用绘画或图形的手段来引导人们的视线和注意力，利用画面人物的视线做导向，是最简单易行的方法。如果把需要引起人们注意的部分放在画面人物视线相反的方向，那么就会一团糟。

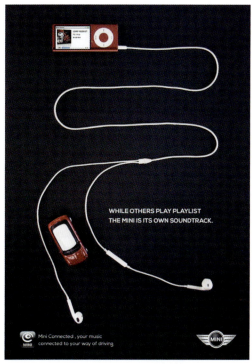

图 1-3-140　视觉导向一

图 1-3-141　视觉导向二

(14）呼应如图 1-3-142 和图 1-3-143 所示。图中人物之间的感情交流，会使读者在心灵上得以沟通，产生共鸣，从而使画面内的呼应延伸到画面以外，使人感到亲切，缩短了与之的距离。人们称现代广告为感情广告，即在心灵和感情上的沟通，所以画面人物之间的关系所反映的内涵，就显得尤为重要。

图 1-3-142　呼应一

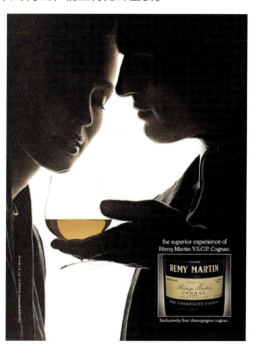

图 1-3-143　呼应二

(15) 夸张与诙谐如图 1-3-144 和图 1-3-145 所示。夸张是把某种特点夸大，使其更加突出，令人产生深刻印象。诙谐则是使用奇异的联想，将不相干的事物联系在一起，使人感到妙趣横生，加深印象。这两种手法性质不同，效果一致，都能使人感到轻松愉快，合乎现代人口味。

图 1-3-144　夸张与诙谐一

图 1-3-145　夸张与诙谐二

第四节　广告版面编排设计的类型

编排设计的重点是构图。它是整个版面的结构形态，不同的构图具有不同的性格，表达不同的感情倾向。

一、标准型　ONE

标准型（见图 1-3-146）是常见的一种基本的、简单而规则化的广告编排类型。图片在版面上方，接下来是标题，随后是说明文与商标图形。

这种编排类型具有良好的安定感，首先用图片吸引观众的注意与兴趣，然后利用标题诱导观众注意其说明文和商标图形。观众的视线是自上而下、有顺序地流动的，符合人们认识过程的心理顺序和思维活动的逻辑顺序，有良好的阅读效果，故而被广泛地运用于编排设计中。

实践证明，标题在图片的下方并置于版面的中央位置，比一般将标题置于版面上方，更引人注意并具有更好的阅读效果。

二、标题型　　　　　　　　　　　　　TWO

标题型（见图1-3-147）：标题在版面上方，然后往下是图片、说明文与商标图形。这种编排类型让观众先看到标题，以它作为图片的先导，让观众对标题先予以注意，留下明确印象，然后看到图片后获得感性的形象认识，激发起兴趣，进而在版面下方阅读位置安排适当的说明文和商标图形，使观众获得完整的认识。

图1-3-146　标准型

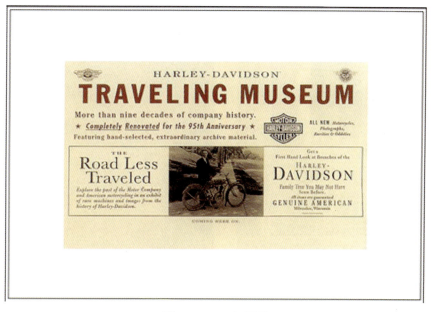

图1-3-147　标题型

安定而平静的构图，使人的视线自上而下地自然流动，广告形象完整突出。欲用广告提高产品或企业的知名度，或着重宣传企业的经营观念和表现企业的庆祝活动，诉求重心放在标题或标语上的广告，宜采用此种编排类型。

三、中轴型　　　　　　　　　　　　　THREE

中轴型（见图1-3-148）是一种对称的构成形态。标题、图片、说明文与商标图形放在轴心线的中间或两边，版面上的中轴线在视觉上可以是有形的，也可以是无形的，以此变化来弥补由于对称造成的过分平稳感，从而吸引观众的视线。

这类编排具有良好的平衡感。在安排构成要素时，要考虑人们心理和生理上的影响，把广告的诉求重心放在左上方或右下方，以符合视觉流程的心理顺序，使观众的视线一开始就能投向版面的重心，抓住商品信息的主要部分，以此来开拓视线活动，获得完整的信息。

四、斜置型　　　　　　　　　　　　　　　　　　　　　　FOUR

斜置型如图 1-3-149 所示。

斜置型是一种强力而有动感的构图，视线因倾斜角度由上而下或由下而上流动。构图时全部构成要素或主要构成要素向右边或左边做适当的倾斜。由于视觉心理，向右稍微倾斜，能增加易见度且有活力；向左倾斜则效果不明显或在视觉上令人不舒服。

五、圆图型　　　　　　　　　　　　　　　　　　　　　　FIVE

圆图型如图 1-3-150 所示。

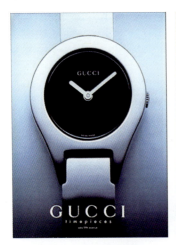  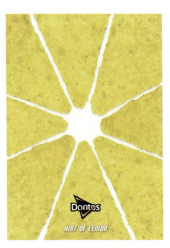

图 1-3-148　中轴型　　　　　　　图 1-3-149　斜置型　　　　　　　图 1-3-150　圆图型

六、全图型　　　　　　　　　　　　　　　　　　　　　　SIX

全图型（见图 1-3-151）：用一张图片占据整个版面，图片可能是广告人物形象或是广告创意所需要的特定场景，在图片的适当位置直接嵌入标题、说明文和商标图形，或用开窗形式安排其他构成要素，是一种具有现代感的构图形式。

七、重复型　　　　　　　　　　　　　　　　　　　　　　SEVEN

重复型如图 1-3-152 所示。

八、文字型　　　　　　　　　　　　　　　　　　　　　　EIGHT

文字型（见图 1-3-153）：以文字为主体构成版面，图片仅是版面的形体和颜色的点缀。图片是有利于观众

图 1-3-151　全图型

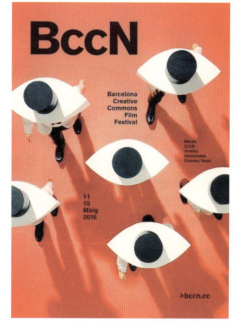
图 1-3-152　重复型

图 1-3-153　文字型

在极有限的阅读时间内进行阅读的构成要素。但对于某些特定的广告主题，却无法充分利用这一积极因素，如某些较为抽象的信息无法用图片表达出来，只有用文字型的构成形式来进行编排。

九、水平型　　　　　　　　　　　　　　　　　　　　　　　　　　　NINE

水平型如图 1-3-154 所示。

将图片或产品形象水平置于版面，构图安定而平静，观众的视线会左右移动，能在极短的瞬间捕捉住整体印象。

法国招聘事务所广告如图 1-3-155 所示。广告语：今天，有六百多个招聘机构约您面谈。评析：一个求职者与伸出的无数热情之手形成强烈对比，那些命运之手、机遇之手令人憧憬。

图 1-3-154　水平型

图 1-3-155　法国招聘事务所广告

十、放射型 TEN

构成要素纳入一个呈放射状的结构中，统一于视觉中心，具有多样统一的综合视觉效果。编排具有强烈的动势感，在视觉上有很强的刺激力度，能很快捕捉到人的视线。

放射型如图 1-3-156 所示。

这种编排较适合表达现代产品的广告创意，用于表达其他产品也能创造出不同一般的编排效果，具有新颖的设计格调。放射型编排由于本身具有强烈的辐射外向的动势感，显得极不稳定，因而在安排其他构成要素时宜做平衡与点缀，不宜产生较多的重叠与交叉，以避免破坏构成动势的单纯性，造成视线流动顺序的繁杂和混乱。

十一、平行型 ELEVEN

编排时将所有的构成要素或大部分构成要素做水平的组合，可以是垂直平行、水平平行、倾斜平行等。水平平行比垂直平行具有安定感，有明显的水平方向的视线流动；垂直平行具有上下方向的视线流动；倾斜平行具有鲜明的动势感。

平行型如图 1-3-157 所示。

图 1-3-156　放射型

图 1-3-157　平行型

十二、棋盘型 TWELVE

编排时将版面全部或部分做成棋盘式设计，使版面全部或部分被分割成若干等量的方块形态，让它们具有明显的区域性。棋盘型如图 1-3-158 所示。

这种编排适宜用于版面上需要安排许多分量相同的单元，如介绍一组系列产品或将其品牌做不同角度和场合的反复展示；或用以介绍文艺演出中的一组人物角色。这时棋盘型是较好的表达方式，容易取得理想的宣传效果，如图 1-3-159 所示。

图 1-3-158 棋盘型

图 1-3-159 棋盘型的表现效果

十三、指示型 THIRTEEN

版面编排在结构形态上有明显的指向性。此指向性的构成要素可以是图片做箭头形的指向构成，也可以是标题或广告形象的动势指向广告内容，起到明显的指示作用。

指示型如图 1-3-160 所示。

十四、散点型 FOURTEEN

编排时将构成要素在版面上做不规则的散点构成，形成一种随意的不经心式的视觉效果，使人感到轻松自如。散点型如图 1-3-161 所示。

十五、交叉型 FIFTEEN

广告版面包含两个重要的构成要素，即图片与广告标题。将一个叠置于另一个上面进行交叉，交叉的形式可以呈十字水平状，也可以做一定的倾斜。一个构成要素被另一个构成要素局部遮盖，使两个交叉在一起的构成要素产生了前后的层次感，增加了版面的视觉深度。两个构成要素交叉的部位即成为版面的视觉中心，这种紧张的

图 1-3-160　指示型　　　　　　　　　图 1-3-161　散点型

对比有利于捕捉观众的目光，使其产生注意。交叉型如图 1-3-162 所示。

十六、图片左右置型　　　　　　　　　　　SIXTEEN

图片与广告文案配合，一般常采用图片左置或右置的编排，将一张或多张组合的图片呈纵长形放在版面的左侧部位，使纵长的图片与横向排列的广告文字形成有力的对比。

图片左右置型如图 1-3-163 所示。

图 1-3-162　交叉型　　　　　　　　　图 1-3-163　图片左右置型

十七、背景型 SEVENTEEN

在编排上以实物或纹样或某种肌理效果作为版面的全面背景，然后才把标题、说明文及商标图形置于其上，背景可以做由远而近的透视处理，以造成画面的一种纵深感。如时装广告可用呈现不同色彩和肌理效果的衣料为背景，巧克力广告可用众多的巧克力糖块不规则地排列在背景上，片状的药品广告可以用药片规则地排列在背景上，产生一种满底的图案效果。背景型如图 1-3-164 所示。

十八、切入型 EIGHTTEEN

切入型是一种不规则而富于创造性的编排，在编排时有意将不同角度的产品图形从版面的上、左、右三个方向切入式地不完全地进入版面，然后在其空白处安置标题、说明文和商标图形。切入型如图 1-3-165 所示。

图 1-3-164　背景型

图 1-3-165　切入型

十九、字体型 NINETEEN

在编排中把构成要素的品名或文字组合体的商标图形进行放大处理，使其在画面上成为夺人眼目的视觉要素。如字体条件相符，可将其个别字母转换为产品形象，不仅增加了版面的变化情趣，也极为巧妙地点出了广告主题，它不仅使人视线集中，也给人留下了深刻印象。

字体型如图 1-3-166 所示。

这种编排在创意上定要巧妙自然，切不可生拉硬套，给人以拙劣的拼凑感。在选择的构成要素中一定要简洁有力，造型富有力度，这样才能发挥良好的视觉传达作用。另外，其他构成要素均应与它做高度集中的排列，以使观众的视线始终对准字体，而不游离到版面的其他部分，这种编排在视觉流程的设计上，引导路线是最短的，只流动在版面的有限部分，正是因为其路线短，所以才能给观众一个强而有力的视觉印象，将产品名或商标图形映入脑海中。

二十、三角形　　TWENTY

在圆形、四方形、三角形等基本形态中，正三角形（金字塔形）是最具安全稳定因素的形态，而倒三角形则给人以动感和不稳定感。三角形如图 1-3-167 所示。

图 1-3-166　字体型

图 1-3-167　三角形

二十一、方形　　TWENTY-ONE

方形是指在版面四角以及连接四角的对角线结构上编排的图形。这种结构的版面，给人严谨、规范的感觉。方形如图 1-3-168 所示。

二十二、聚成类图形　　TWENTY-TWO

聚成类图形是指运用一批相同或相似的形象素材，按一定规律聚集起来组合而成的图形。聚成类图形如图 1-3-169 所示。

图 1-3-168　方形构图　　　　　　　　　图 1-3-169　聚成类图形

二十三、聚点图形　　　　　　　　　　　　　　　TWENTY-THREE

以点的聚集形成的图形称为聚点图形，图形呈现出时隐时现的艺术效果。聚点图形如图 1-3-170 所示。

二十四、聚线图形　　　　　　　　　　　　　　　TWENTY-FOUR

线的组合形成比较复杂的图形，图形具有轻盈、潇洒、变化多样的特点。
聚线图形如图 1-3-171 所示。

二十五、聚面图形　　　　　　　　　　　　　　　TWENTY-FIVE

面是指平面，具有一定的空间感，在二维的条件下，我们既可以把各种形态的平面有序地组合起来，做成新的平面图形，也可以把各种面按透视学的规律有序地组合起来，造成具有空间感与立体感的图形。聚面图形如图 1-3-172 所示。

图 1-3-170 聚点图形

图 1-3-171 聚线图形

图 1-3-172 聚面图形

第四章
广告策划

GUANGGAO
CEHUA
YU SHEJI

我们先来总结一下多宝是一家什么企业?

■ 教与学的目标和要求

此内容为本学期教学重点,关乎学生对广告设计的全方位认识;让学生了解广告市场调查,学会如何拟写调查报告;学习相关的广告策略理论并撰写策划报告,为毕业设计做好铺垫。

■ 教学方法

讲授为主,课题辅导。

■ 教学内容

广告的调查研究原理,广告调查原则、程序与方法,广告策划的流程及报告的撰写。

■ 教学重点

调查结果的分析与总结、核心概念的诉求以及广告策划与表现。

第一节 广告的调查研究

一、什么是广告调查　　ONE

广告调查(advertising research),是指围绕广告运动所进行的一切调查活动。其目的在于获取与广告运动有关的数据化与非数据化资料并加以分析,从而为开展科学的广告运动提供依据。

广告调查是将调查方法和技术运用于广告领域的成果,与社会调查、市场调查一脉相承,渊源深厚。早期的广告调查就是为指导广告活动而展开的市场调查,后来才逐渐结合广告活动的特殊要求而发展出更丰富的调查内容,如广告文案调查、媒体调查等。调查项目及指标的设定日趋注重系统性,以求为广告决策提供多元化的参考;同时致力于发展更科学、更精确的测定方法和技术。电脑在调查中日渐得到广泛应用,更推进了调查业的迅猛发展。

二、广告调查的分类　　TWO

为使广告运作的每一步都有据可依,广告调查在广告业中的运用已渗透到广告运作的各个环节,从营销环境分析及营销建议,到广告传播战略拟订,再到广告表现策略、媒体计划以及效果评估,广告调查始终都是一个不可或缺的分析工具。其中常见的调查项目有:产品(或劳务)调查,市场占有率及成长状况调查,品牌知名度、品牌形象及品牌利益点调查,消费者消费行为分析,消费者购买动机调查,竞争品牌广告投放分析,广告预算合理化推测,文案调查,媒体传播效果调查,受众媒体接触习惯调查,广告执行情况监测,广告效果评估。

1. 营销环境调查

营销环境调查即对某一产业的背景资料、行业动态与政策等大的市场环境方面的考察。对整体营销环境的熟悉和把握，是进行任何一项营销及广告活动所必需的前期准备。可查阅相关的文献资料，如行业年鉴、报刊索引等，了解历年来整体消费者对该类产品消费支出的成长或衰落趋势，市场上现存的品牌数、制造商及其历史增减情况，通过现实考察，获得关于市场容量、市场饱和度及整体竞争状况等方面的信息。

2. 产品（或劳务）调查

在做广告之前，全方位地了解产品（或劳务）的属性、特点、生产状况和营销状况，了解消费者和经销商对产品（或劳务）的基本看法，甚至亲自试用一下产品（或劳务），是很必要的考察环节。它是确立产品价值、产品优势和对消费者的利益诉求的原始来源。

对产品的调查只有真正了解了消费者的看法才具有意义，因此针对消费者所做的产品测试是产品调查的一项重要内容。产品测试一般选择在人流集中的地点，如综合性购物场所，或将产品留置在消费者家中进行测试，直接了解消费者对既有产品的使用感受和看法。

3. 价格测试

在调查中询问"您最多愿意支付多少钱购买该产品"，或给出几个价位请调查对象做出选择，是进行价格测试的简单方法。价格测试一般是为给产品订立一个最合适的价格提供参考，使之既能为消费者所接受，同时又能为企业带来最大利润空间。如要对已上市的产品做价格调整，则在调整之前，通过价格测试事先预估可能会引起的市场反应，或者是用来研究如果竞争对手在产品定价上做策略调整，消费者会有什么反应，购买意愿会在不同品牌之间发生何种转移，等等。

4. 品牌研究

品牌虽以产品为依托，但它所涵盖的内容早已超出产品本身。对品牌发展状况的调查是品牌研究的第一步。通过对品牌发展的历史回顾，了解品牌对消费者传达的重点讯息所在及其品牌形象与品牌利益点的历史流变；通过对品牌的知名度、美誉度和忠诚度的调查，了解品牌目前所处的状况以及品牌发展与销售成长之间的关系，确定品牌是在成长中还是在衰退中，并检讨原因。

通过对本品牌发展状况的调查，研究人员已基本上能描述出该品牌的特性及消费者的现实评价。而对同一市场上各个品牌的发展状况及消费者评价的了解，则可以发现新的市场利基，预测将来的市场动向，这是品牌研究更深一层的内容。通过这种动态的、预见性的研究，发展新的品牌概念，修正产品概念组合，改变产品包装、定价或广告策略；测试竞争对手改变产品策略、价格策略或广告策略后可能引发的市场反应，以及整个市场格局可能跟着发生的变化。

5. 消费者调查

消费者是现代市场营销的逻辑起点，对消费者的情况掌握将决定营销和广告的方向，而广告市场调查所涉及的各个具体方面实际上也都是通过消费者才可能实施的调查，只不过研究的问题有所侧重。这里，消费者调查特指对消费者的消费需要与欲求、消费行为与动机、消费习惯与特征、消费形态与构成等情况所做的考察。

根据年龄、性别、文化程度、收入、婚姻/家庭状况等人口变量，地区、城市、气候等地理变量，社会阶层、生活方式、个性等心理变量，购买时机、追求的利益、使用者的地位、使用频率、忠诚度、对产品的感受和态度等行为变量，考察不同消费群体的消费能力、消费习惯和品牌偏好，从中挑出重度消费者或高价值消费者，了解不同类型的消费者对各个品牌的喜好、购买和使用情况，为界定及细分消费者、制订针对不同消费者的营销策略和广告策略提供重要依据。

6. 竞争状况调查

列举现存的和潜在的竞争对手，包括那些虽为不同品类但仍有可能分食目标市场的公司，按本品牌与它们对目标市场的占有份额、交叉覆盖率以及消费者在不同品牌之间的流向情况，确立竞争等级和重点竞争对手，并收集它们在产品和营销方面的信息，从地域、季节、媒体类别等多角度考察它们在广告投放上的比重分配，推测其关于重点区域市场、营销对象及营销进展状况等方面的情况，以达到"知己知彼，百战不殆"。

7. 广告传播调查

广告传播调查指围绕广告信息传播的内容及过程所展开的广告调查，主要指主题调查、广告作品测试、媒体调查和广告传播活动执行情况的监测与评估，相应地分别辅助广告表现、媒体计划和广告效果评估的完成。

8. 主题调查

确立主题是广告表现的第一步。前面所述广告市场调查为制订正确的市场策略、广告创意策略提供了依据，从中我们可以发掘出不少可供传播的产品信息、品牌信息或与消费者沟通的话题性、观点性信息，但究竟应该选择哪一个或哪几个讯息作为广告传达的重点，则需根据相关的测试来确定。

由于消费者对广告一般处在一种很不经意、"漫不经心"的接触状态，同时由于消费者每天接触的信息量极大，因此广告应突出自己的核心诉求信息，即广告主题，而不宜在一则广告作品中同时出现太多的主题，令消费者无从认知和记忆。

在掌握关于产品、品牌和消费者的特征的基础上，通过与消费者的各种面谈测试，发现最利于打动消费者、并能给消费者以良好品牌印象和企业形象的广告主题。

9. 广告作品刊播前的测试

对广告作品进行的刊播前的消费者反应测试，用以考察广告作品对广告意图的表达是否准确到位、表现的方式是否具有冲击力及创造性等，以便能根据消费者的客观反应选择出最精当的广告作品，或发现某些创作人员无法预估的问题。考察的范围既包括平面广告作品，也包括电视广告作品。调查的方法分为实验室测验和实地访问调查。

10. 广告媒体调查

媒体刊播费用往往是广告运动的最大花费所在，所以广告媒体调查是广告调查中运用得最多最广泛的调查项目。媒体调查的内容主要包括，目标区域的媒体拥有量及其分布，各具体媒体的投资背景、节目内容、广告价格及相关广告刊播政策等媒体基础资料，媒体的内容偏重、编辑风格、公信度、传媒形象与地位等质化资料，媒体的受众数量与受众成分构成等量化资料，与之相关联的目标消费者媒体接触习惯调查也是媒体调查的重要内容。离开这些背景资料，媒体计划的制订将无从做起。

11. 广告运动的事中监测与事后评估

事中监测，实际上包含了广告运动过程中对广告执行情况的跟踪监测和对广告效果的事中调查两个方面，因此既需要比较频繁及时的每日检查、每周检查，也需要通过较长一段时间来看整体效果的月度检查、半年检查，以便及时掌握广告执行情况，督促广告的实施，以及发现未可预料的问题、及时修正广告方案。如监视媒体的播出是否按时按量，在广告运动期间有无不良反应，广告传播环境是否发生了一些大的变化，而既定的广告策略又是否能适应这种变化等。

事后评估是对广告效果的最后检定。评估的现实标准是多样化的，但评估的目的均为尽可能客观地衡量广告运动的现实效果，并为以后制订广告方案提供依据。

三、广告调查的原则、程序　　　　　　　　　　THREE

1. 广告调查应遵循的基本原则

广告调查应遵循的基本原则：客观性、科学性、系统性、道德准则。

2. 广告调查的一般程序

确定研究目的，拟订研究题目。紧紧围绕广告运动的目的，确立一个明确的调查目标，指出究竟想要获取什么资讯、解决什么问题，在调查的过程中应重点关注哪些问题，是研究设计的第一步。围绕研究目的，进一步确定研究对象及研究范畴，明了此次调查是属于广告市场调查还是广告传播调查的内容。

在确定研究目的即研究的兴趣点以后，起一个恰当的调查题目是很有必要的。调查的基本情况应在题目里界定得很清楚，如调查的主题和内容、调查的空间范围和时间范围、调查的对象，等等。

四、概念的具体化　　　　　　　　　　　　　　　FOUR

一项调查活动往往涉及的对象广、环节多、过程长，因此，为使调查意图在调查的各个环节和过程中不被曲解，使用精确的语言描述相当重要。在确定调查主题后，设计调查的各种具体指标，将所使用的概念具体化，就是使语言更精确的一种努力。

例如，要描述25~45岁男性的消费观念，就需要将"消费观念"具体化，区分出消费观念的各种表现形式，设计出反映这些表现的各种指标或调查项目，从而能以各种具体的事实和数据说明"消费观念"这个概念。

五、研究初探，建立假设　　　　　　　　　　　　FIVE

研究初探，即对既定选题进行初步的接触式研究，以便为正式的研究指明方向，提供依据。具体来讲，一般是收集并分析现存的文献资料，亲自到市场或研究对象中去做实地考察和咨询访问，进一步明确研究重点，丰富和调整对研究问题的概念具体化工作。

借助于正式调查之前的信息了解和初步探测，研究者必须对所研究的问题有一定的研究视角和理论假设，以使研究更有针对性。如假设受众的媒体接触习惯与受众的年龄、收入、文化等人口变量存在着相关性，很多调查研究就是在对假设的证实或证伪中发现了一些重要的事实和结论。

六、选择研究方法　　　　　　　　　　　　　　　SIX

在确定了研究范围和研究类型之后，要考虑具体的研究方法。在调查方法上，是采取文献法、观察法、实验法还是问卷法；细化到具体的调查手段，是入户访问，还是电话访问、邮寄访问或其他；在资料分析方法上，是采取定量分析还是定性分析，等等。对不同的调查对象及调查内容，适合的研究方法也会各不相同。

七、操作化　　　　　　　　　　　　　　　　　　SEVEN

接下来是设计测量层次、提问的方式，制订抽样方案，选择抽样的对象、范围、样本量以及抽样方法，设计及制订具体问卷、观察表格或访问提纲，确定调查的场所和时间计划，以及制订调查经费，并对人力、物力、财力进行细化安排等一系列详细具体的操作化过程。为使调查研究的方案更符合实际，切实可行，提高研究的信度和效度，操作化是一个永无止境的过程。

八、开放式问题

开放式问题：调查的问题并不列出所有可能的答案，而是由被调查者自由回答。这种问题主要有以下几种具体的形式。

（1）自由回答法指事先不给出答案，被调查者可以不受限制地回答问题。例如：

您认为这种产品应该选择哪种广告媒体进行宣传？

（2）文字联想法即先列出一些词汇，每次一个，让被调查者写出他脑海中涌现的几个词或几句话。例如：

下列几个词，先看"天磁"这个词，请您将联想到的字或话依次写在空格处。天磁、西铁城、李宁、太阳神、小鸭。

（3）语句完成法即提出一些不完整的句子，由被调查者自愿填写完整。例如：

当我泡方便面时，我就想起……；看电视时，经常看到……。

还有故事完成法、漫画测验法、主题感觉测验法等。

九、封闭式问题

封闭式问题：在广告调查表中提出的问题，已设计了各种可能的答案，被调查者只要从中选定一个或几个答案就可以了。这种问题主要有以下几种具体的形式。

（1）二项选择法（也称是非法）即由被调查者在预先给定的相互对立的两个答案中选择一项的方法。例如：

您认为"可口可乐"的产品有必要做广告吗？

a. 有必要（   ）　　　　b. 没有必要（   ）

（2）多项选择法即由被调查者在已给定的两个以上的答案中选取一项或多项。例如：

您认为大厦改造应该是：

a. 推倒重建（   ）　　　　b. 内部装修（   ）

c. 扩建（   ）　　　　d. 发展集团公司（   ）

e. 没有必要（   ）

（3）排序法即要求被调查者将有关答案按其重要程度排序。例如：

您购买**电视的原因依次是：_____

a. 价格合适（   ）　　b. 图像清晰（   ）　　c. 维修方便（   ）

d. 广告宣传（   ）　　e. 造型（   ）　　　　f. 他人推荐（   ）

十、实施调查，收集资料

实施调查，收集资料是调查研究方案的调查执行阶段，即根据研究方案展开调查，进行资料收集。进入执行阶段，需要对大量的人力、物力进行协调及管理，而且会面临很多现实问题，需要在执行中一一解决，排除干扰。因此，在这个阶段，组织、控制、监督和指导工作尤为重要。

十一、整理与分析资料

调查实施阶段结束后，调研人员开始对所获取的资料进行汇总、整理及分析。

首先是对资料进行鉴别和整理，剔除无效资料，保证资料的真实、准确和完整，然后对鉴别后的资料进行汇总与分组，使之简化、系统化、条理化，便于下一步的统计分析。

目前在广告调查中较常用的统计分析工具是 SPSS 社会学统计分析软件包。通过统计分析，得出各个研究变量的属性特征及其相互间的关系，证明或推翻研究假设，为研究课题提供系统的数据资料。

十二、撰写调查研究报告　　TWELVE

研究报告是调查活动的最后成果，一般包含调查基本情况、调查统计结果和调查结论三大块内容。其中：调查基本情况主要是对调查目的与方法、受访者概况、回收样本数、调查置信度及误差等有关调查执行的基本情况做简要介绍；调查统计结果即关于各具体调查变量的统计数据情况及分析结果的客观说明；调查结论则带有一定的主观分析成分，以研究者的立场揭示调查数据的含义，并给出一些合理化建议。

十三、广告调查的常用方法　　THIRTEEN

1. 文献法

文献法即对二手资料的调查研究，是对既存资料的使用，其最显著的优点就是免去了执行基本调查活动所需耗费的大量经费和时间。这种调查，又被称为既存资讯调查，或相对于基本调查来说的次级调查。随着电脑在信息处理能力方面的进步及其在调查研究领域的广泛应用，调查人员已经能够轻易获取大量相关信息，分享其他研究人员的研究成果。而广告公司和企业主对信息的日益重视也使其开始建立和不断完善自己的资料库，这也为文献调查提供了更有利的条件。

2. 观察法

观察法是指通过对调查现场的直接观察以获取有关信息的一种调查方法。现场观察可以由相关调查人员执行，也可以通过仪器观察。由相关人员进行的现场观察称为直接观察法，通过仪器进行的现场观察称为仪器观察法。

用于现场观察的仪器多种多样，如照相机、摄像机，以及视向测定器、瞬间显露器等一些特定的测录设备。这种观察法成本较高，难以普及。使用得较多的还是人员的现场观察。

在广告调查中，观察法常用于检测销售点的客流量，某路段的车流量、人流量，某户外宣传品的注目率等。虽然通过直接的现场观察，能获取现场的某些一手资料，却很难深入了解到被观察对象的深层心理状况。

3. 实验法

实验法一般分为实验室测验与市场测验两种，在广告运动中，通常用于在广告运动展开前探究消费者对产品口味或包装、产品价格、广告主题或广告文案的反应。

进行实验室测验，首先要从广告的目标受众中抽选出一些代表，将其邀入实验室或小组面谈室，在一个特定的环境下，通过提问、讨论，或借助有关实验仪器，探测受试者的反应。实验室测验对研究心理层面的潜在效果很有帮助，一般用于一些探索性目的的研究。从实验手段上看，除借助相关仪器进行测试外，最常见的还有深层访谈法和小组访谈法。

现在在实验室测验中运用得比较多的是焦点小组座谈法，这是一种对实验流程及结构的控制相对较松散的实验探究方法。一般请12~15人聚集一堂，这个群体被称为"焦点群体"，是目标消费者的代表。

4. 问卷法

借助问卷展开调查，在广告调查活动中最为常见。它不仅由于提问统一化、规格化而降低了在提问上因人为因素造成偏差的可能性，而且它编号作答的方式为统计带来了很大方便，即便是大量的样本也可进行统一测量，这使得大规模的调查成为可能。使用问卷调查法一般是在测量对象众多的情况下，不过，其他一些资料收集活动（如实验法）也往往会使用问卷提问和作答。

按选取调查对象的方式，问卷调查可分为全面调查、典型调查和抽样调查；按访问进行的方式，问卷调查又可分为入户访问法、街头访问法、电话访问法、邮寄法、留置法、网上调查法等多种。

第二节 广告策划

一、广告策划在广告活动中的地位　ONE

策划是广告活动科学化、规范化的标志，是广告策划方案产生的基础。

二、策划的定义和基本框架　TWO

1. 策划的定义

现代广告策划是一个系统工程，它对各个子系统进行协调与统一，围绕一个明确的目标，使广告活动取得最佳的效果。

美国哈佛企业管理丛书编纂委员会指出：策划是一种程序，在本质上是一种运用脑力的理性行为，基本上所有的策划都是关于未来的事物，也就是说，策划是针对未来要发生的事情做当前的决策。

2. 策划的基本框架

两个"因素"：内部因素、外部因素。

"三条腿"：市场环境分析、营销计划、广告计划。

其中：市场环境分析具体包括市场分析、消费者分析、竞争分析；营销计划具体包括广告、销售、价格、促销、公共关系；广告是沟通和说服的过程，具体包括目标选择（市场细分、市场定位）、信息战略和战术（沟通什么、如何沟通）、媒体战略和战术（沟通的渠道和方式）。

实施要求介绍：服务机构（广告主对服务机构的选择以及相互关系）、社会和法律约束（广泛的社会和经济问题）、案例分析、讨论。

三、广告策划的定义、特点　THREE

1. 广告策划的定义

广告策划：根据广告主的经营计划，在周密的市场调查和系统分析的基础上，利用已经掌握的知识、情报和手段，制订出一个与市场现状、产品情况、消费者群体相适应的经济有效的广告活动方案，经过实施、检验，从而为广告主的整体经营提供全面服务的活动。

广告策划的定义包括几层含义：

（1）策划是在现实所提供的条件的基础上进行的谋划，要求针对性强、合理可行；

（2）策划具有明确的目的性；

（3）策划需根据瞬息万变的市场不断进行调整和变动。

2. 广告策划的特点

广告策划的特点为整体性、创新性、前瞻性。

（1）整体性：广告策划是一个和谐、统一的整体。

在整体广告策划中，以树立品牌形象为中心，通过周全的市场竞争意识和全面的通盘考虑，组织系统的、以商品品牌为中心的广告活动，迅速树立商品的品牌形象，进而开拓市场。

（2）创新性：创造性思维是广告策划生命力的源泉。

创造性思维的核心是积极的求异性，表现为突出广告的差异性，即广告中的特殊性与个性。创造性的广告策略是创造性广告作品的前提。

（3）前瞻性：风云多变的市场，要求广告策划面对市场环境、消费者状况、产品状况，不断调整策略，以适应万变的市场。同时，更要着眼于未来市场的发展和变化，对前瞻性的把握取决于科学的市场分析和预测。

四、广告策划的原则　　FOUR

广告策划应遵循的基本原则：目的性、整体性、效益性、集中性、操作性。

五、广告策划方案产生的基础　　FIVE

调查研究是方案产生的重要一环。调查研究一般包括两个方面：营销研究（marketing research）、广告研究（advertising research）。

营销研究的对象：广告产品或服务、确认目标潜在顾客、市场规模的大小、市场位置、流通形态、商品定价、产品评价、确认市场的竞争特性和竞争对象。

广告研究的对象重点是传播效果。

营销是一场战争，攻占目标对象的满足。广告也是一场战争，广告在营销战争中的角色透过媒介渠道，传递商品或者服务讯息，获得目标对象的认识、喜好与记忆。

广告可以做得更多，如营销管理过程、营销机会分析、研究与选择目标市场、设计营销策略、企划营销活动、组织和实施营销活动、控制和评估营销活动、专业协助。广告可以回答这些问题：谁是目标对象？向目标对象传递哪些信息？怎样向目标对象传递信息？怎样加速目标对象的购买？目标对象是否接收到信息？还有哪些没有满足的需求？为什么？等等。

广告的本质是传播。传播的目的是影响消费者。建立或改变他们对品牌的看法要影响消费者，最重要的是洞察消费者。洞察消费者要从最初的寻找市场机会开始。

六、案例分析和思考　　SIX

"多宝"产品广告策划（李恒作品系列）设计流程如图1-4-1至图1-4-30所示。

图1-4-1 流程一

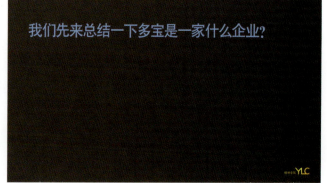

图1-4-2 流程二

图1-4-3 流程三

图1-4-4 流程四

图1-4-5 流程五

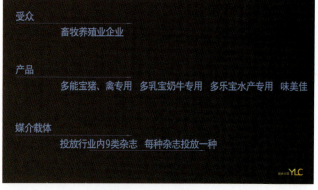

图1-4-6 流程六

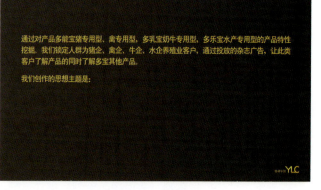

图1-4-7 流程七

图1-4-8 流程八

图 1-4-9　流程九

图 1-4-10　流程十

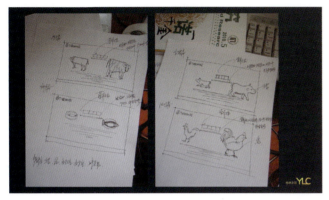

图 1-4-11　流程十一

图 1-4-12　流程十二

图 1-4-13　流程十三

图 1-4-14　流程十四

图 1-4-15　流程十五

图 1-4-16　流程十六

图 1-4-17　流程十七

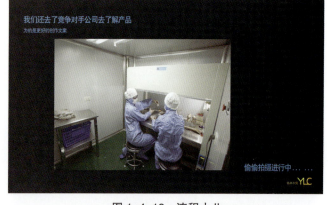

图 1-4-18　流程十八

图 1-4-19　流程十九

图 1-4-20　流程二十

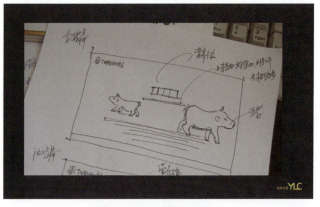

图 1-4-21　流程二十一

图 1-4-22　流程二十二

图 1-4-23　流程二十三

图 1-4-24　流程二十四

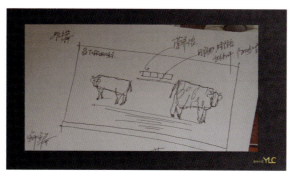

图 1-4-25　流程二十五

图 1-4-26　流程二十六

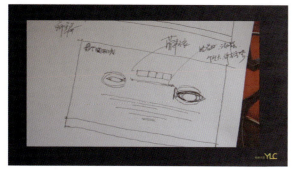

图 1-4-27　流程二十七

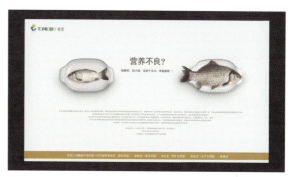

图 1-4-28　流程二十八

图 1-4-29　流程二十九

图 1-4-30　流程三十

七、广告策划的工作流程及阶段划分　　SEVEN

现代广告是集谋略与科学程序于一体的艺术。广告策划人员需在科学的策划谋略和策划意识指导下，严格地按照现代广告操作的基本程序，遵循确定的工作方法和步骤进行策划运作，才能使广告策划顺利进行和保证广告策划成功。

一个完整的广告策划周期由数个不同阶段组成，不同阶段策划工作的对象、内容、目标均有所不同。根据这种不同对广告策划运作过程加以把握，有助于抓住中心、突出重点，明确各个阶段不同方面的特殊性，保证策划工作按部就班有节奏地进行。通常情况下，一个规范性的策划运作可分为整体安排和规划、市场分析、战略规划、计划制订、文本编写、实施与总结六个阶段。

1. 整体安排和规划阶段

（1）组织策划小组。策划小组需要由多方面的人士组成。如果实行 AE 制，则主要有客户执行、策划创意、设计制作及媒体公关人员。这些人员通常由一个策划总监或者策划主管之类的负责人统领。

（2）规定任务，设定各项时间进程。这是对策划前期工作的落实。

2. 市场分析阶段

（1）市场调查、搜集信息和相关资料。立足于与消费者的良好沟通，有选择性地吸取营销调查的相关成果。

（2）研究与分析相关资料数据。对全部市场调查资料归纳、总结与分析，要求能够描述现状、揭示趋势，为进一步制订策略提供依据，这个阶段的有效工作有助于确立广告的目标、受众、诉求、表现及实施策略。

3. 战略规划阶段

战略规划阶段是整个广告策划的核心运作阶段，也是广告策划的主体。

（1）集中并总结归纳了前期调查分析的成果，对调查研究结果做出决定性选择。但这一时期，对于同样一个调查研究数据，往往会有不同的或相反的策略判断，也可以说，仅有调查分析数据并不能保证策略正确、广告成功，还需进行战略规划。

（2）战略规划就是以策划创意人员为中心，结合相关人员对广告目标加以分析，根据目标市场策略确定广告的定位策略和诉求策略，并进而发展出广告的创意和表现策略，根据产品、市场及广告特征提出合理的媒介组合策略、促销组合策略等。

（3）这个时期的规划还涉及广告机会的选择、广告计划的制订以及有关广告预算和策划报告的写作。

4. 计划制订阶段

计划制订阶段：把战略规划用具体系统的形式加以规范化，把此前属于策略性的、思想性的各种意向，以一种详细的展露和限定形式加以确定，以保证策略的实施。制订计划首先是确定广告运作的时间和空间范围，还要求对媒体的选择和运用做出限定，包括怎样的媒体组合比较合理，如何计划媒体才有可能达到合理有效的发挥作用，广告的频率如何，用多少预算经费才能支持这样的频率等。

5. 文本编写阶段

（1）编制广告策划文本，即策划书。把全部市场研究结果和策略及操作战术用文本形式加以规范表达，便于客户认知及对策划结果予以检核和调整。

（2）与客户进一步沟通，并对策划阐释说明，最后就广告策划方案达成一致。广告策划书不仅是策划成果的集中体现，而且是策划人员向客户说明并争取广告业务的文本依据，因而必须经过多重修改审定之后才能完成。广告策划书的写作有自己既定的程式，它是广告策划各个阶段工作的系统整合。

6. 实施与总结阶段

（1）计划实施与监控：包括组织人员进行创作、设计和媒体发布，并对整个过程进行监控和必要的调节。

（2）评估与总结：在广告策划整体运作完毕之后，按照既定目标对广告运动结果加以评估，并对整个工作予以总结。

八、确定广告目标　　EIGHT

广告策划的主要内容有确定广告目标、确定广告目标受众、广告信息策略谋划、广告媒体策略谋划、广告预算及分配、整合营销传播策划与广告目标。

1. 广告目标的种类

（1）创牌广告目标。为实现此种目标的广告活动一般属于开拓性广告。其目的在于开发新产品和开拓新市场。它通过对产品的详尽宣传介绍，提高广大消费者对产品的认知程度，重点在于提高消费者对新产品的认知度、理解度，以及对厂牌、商标的记忆度。

（2）保牌广告目标。为实现此种广告目标的广告活动多属于守成性广告。其目的是巩固已有的市场阵地，并在此基础上深入开发潜在市场。它主要通过连续广告的形式，加深对已有商品的认识，使现实消费者形成习惯与偏爱、潜在消费者产生兴趣与欲望。诉求重点在于保持消费者对企业或产品的好感、偏爱和信任。

（3）竞争广告目标。为实现此种广告目标的广告活动一般属于争夺性广告。其目的在于争夺市场、争夺消费者。诉求重点是本产品的独特之处，使消费者认知本产品给他们带来的比较利益，以增强偏爱，巩固已形成的消费习惯。

2. 广告目标的确定

企业确定恰当的广告目标，需要考虑以下几个方面的因素。

（1）企业所面临的市场机会。在对广告环境分析的基础上，进一步把握企业可能获取的市场机会。企业面对这个市场将要采取什么措施，实现何种目标。广告目标要依据企业目标和营销目标来确定。

（2）目标消费者进入市场的程度。目标消费群体的一般消费行为、购买习惯、消费方式，对本产品以及同类产品的认识程度处于何种状况，是以保持现实消费者为主，还是重点在于开发潜在消费者等，也是需要考虑的方面。

（3）产品的生命周期。每一种产品或劳务都有一定的生命周期，产品处于不同的生命周期，采取的广告目标往往有所不同，引入期往往采取创牌广告目标，成熟期则以保牌广告目标为宜。

（4）广告效果指标。广告传播将要达到的效果有一个指标体系，一般从产品销售情况、消费者消费行为和沟通效果三个方面进行衡量。广告效果与广告目标有着密切的关系，广告目标可根据广告效果指标来设定，而后又针对广告目标来测定广告效果。

3. 确定广告目标需要注意的问题

（1）广告不能与企业总体发展目标相背离。广告活动是整体营销活动中的一项具体工作，因而，必须在企业目标和营销目标的指导下制订广告目标，并且要符合企业整体营销的要求，不能违背企业的整体利益。

（2）切实可行、具体实在，可操作和可衡量。广告目标是广告整体活动的核心目标，应具体明确。所提出的目标，应与企业和市场的实际相吻合，不可盲目和理想化。设定的广告目标要具有可操作性，能够被测量，如具体规定广告的收视率、阅读率、知名率、记忆率、理解率、喜爱率等。在一个广告活动中，一般只能根据企业的情况和需要，确定相应的一种或两种具体的目标。

（3）能与其他部门尤其是营销部门协调配合。广告目标的实现需要企业其他部门特别是营销部门的协调配合，求得理解和支持。同时，广告目标还要与各项具体广告活动的子目标相一致，只有通过各个子目标的实现，才能达到总的广告目标。

（4）即效性和迟效性的统一。

九、确定广告目标受众

确定广告目标市场，不应与企业目标市场有较大的偏差。广告目标市场应有一定的市场潜力，不仅有利于保持现实消费者，而且能够开发潜在的消费对象；借助广告媒体可以到达，能够发挥其特点和优势，使目标消费者能最大限度地接触到广告信息。

在确定广告目标市场之后，还要进一步了解目标市场的消费者的基本情况、消费心理、性质需求、消费行为等，为确定广告传播的内容、采取相应策略提供依据。

十、广告信息策略谋划

1. 广告主题策略

广告主题是广告的中心思想，是广告的灵魂，是广告为达到某项目所要说明和所要传播的最基本的观念。它统率广告作品的创意、文案、形象、衬托等要素，像一根红线贯穿于广告之中，使组成广告的各种要素有机地组合成一则完整的广告作品。

对广告主题进行构思、提炼，要在分析研究企业的内外经营环境及其经营产品的基础上，依照广告目标的指标要求，同时结合消费者的心理因素来确定。

2. 广告表现策略

广告活动的重要内容之一，就是创作出成功的广告作品。广告作品的成功与否，直接关系到广告活动的成败。

为实现广告创作所采取的一系列方式方法，就是广告表现战略。把有关商品、劳务和企业等方面的信息，通过广告创意，运用各种符号及其组合，以形象的、易于接受的形式表现出来，达到影响消费者购买行为的目的，就是广告表现。广告表现是广告活动的中心环节，决定着广告效能的发挥程度，综合反映出广告活动的管理水平。广告表现的最终形式是广告作品。

3. 广告的表现方式

广告的表现方式千差万别，分类方法也各式各样。人们通常把广告的表现方式分成三类：商品信息型、生活信息型、附加价值型。

4. 广告表现的要求和原则

（1）所表现的内容必须真实、准确、公正，不能虚夸、欺骗，要公平竞争。

（2）所采取的形式应做到新颖、恰当、简洁、引人。广告表现是一种创造性活动，需要借助于文学、绘画、舞蹈、电影、电视等多种表现手段和方法。

（3）广告表现是市场营销、广告整体策划的一部分，必须依从于广告的整体策略和广告创意。

（4）广告表现手法要顺应时代特色和人文特征。

（5）要有益于社会生活、符合公共利益。

十一、广告媒体策略谋划 ELEVEN

1. 媒体选择

媒体选择实际上是在尽可能有效地接触目标受众和广告费用许可这两个条件的约束下进行的。需要考虑以下多个方面的问题。

一是注意媒体的受众情况。覆盖面有多大，受众人数有多少，受众群体的成分、层次如何，接收状况怎样等。

二是注意媒体的传播特点。各类广告媒体的传播特点是不同的，要了解其传播方式、传播速度、可信性等。

三是注意广告内容与传播媒体的关系。每一次广告活动都有其不同的目标需求，其传播内容要与传播媒体相适应。广告的目标对象要尽可能与媒体的传播对象相一致，广告的内容形式也要尽可能与媒体的传播特点相宜。

四是要注意分析市场竞争的状况及广告商品的特性。

五是要注意广告费用预算的费用支出。适用的广告媒体可能很多，但只能"量力而行"，"量体裁衣"。

2. 确定发布日程和方式

进行广告媒体战略，还要考虑和确定如何使用已经选择的媒体，主要包括广告在什么时间发布，持续多长时间，在不同媒体上的发布方式，以及时段选择、空间布局等。

十二、广告预算及分配 TWELVE

（1）确定广告费及广告预算的最基本原则是：用最小的投入获得最大的产出。

（2）广告预算的程序。广告预算由一系列预测、规划、计算、协调等工作组成，大致经过以下几个程序。

① 进行广告预算调查。收集有关商品销售额、企业广告营销计划、流通及竞争等方面的数据与材料，做好预算前的准备工作。

② 确定广告费的预算规模。提出预算规模的计算方法和理由，尽可能地争取较充裕的广告经费。

③ 广告预算的分配。先从时间上，确定一年度中广告经费总的分配方法，按季度、月份将广告费用中的固定开支分配下去，然后再将由时间分配大致确定的广告费用分配到不同产品、不同地区、不同媒体上。

④ 制定广告费用的控制与评价标准。确定机动经费的投入条件、时机、效果评价方法。

除广告费的固定开支外，还需要提留一部分作为机动开支，对这部分费用也要做出预算。

⑤ 完成广告预算书并得到各方面的认可。

第二篇

实践篇

项目一
DM 单设计

GUANGGAO

CEHUA

CYU SHEJI

■ |知识目标|

(1) DM 单设计的特点。
(2) DM 单的种类。

■ |能力目标|

(1) 能根据调研报告的内容，撰写 DM 单及宣传册广告的整体策划方案。
(2) 能根据广告主的意图用文字的形式，将广告宣传的内容表达出来。

■ |学习任务|

(1) 接受 DM 单设计广告任务书。
(2) DM 广告的方案设计。
(3) 素材的收集与整理。
(4) DM 单宣传广告制作。

一、DM 单设计的特点　　　　　　　　　　　　　　　ONE

DM 单是区别于传统的广告刊载媒体（如报纸、电视、互联网等）的新型广告发布载体。传统广告刊载媒体贩卖的是内容，然后再把发行量二次贩卖给广告主；而 DM 单则是贩卖直达目标消费者的广告通道。DM 单这种特殊形式具有以下四大特点。

1. 针对性

DM 单与其他媒体的最大区别在于 DM 单可以直接将广告信息传送给真正的受众，这使其具有了很强的针对性，它可以有针对性地选择目标对象，有的放矢，有效减少广告资源的浪费。

2. 灵活性

DM 单的设计形式无具体法则，可视具体情况灵活掌握，自由发挥，出奇制胜。它更不同于报纸杂志广告，DM 广告的广告主可以根据企业或商家的具体情况来选择版面，并可自行确定广告信息的长短及印刷形式。

3. 持续时间长

DM 广告不同于电视广告，它是真实存在的可保存信息，能在广告受众做出最后决定前反复翻阅广告信息，并以此作为参照物来详尽地了解产品的各项性能指标，直到最后做出购买或舍弃的决定。

4. 广告效应良好

DM 广告是由工作人员直接派发或寄送的，故而广告主在付诸实际行动之前，可以参照人口统计因素和地理区域因素选择受传对象以保证最大限度地使广告讯息为受传对象所接受。与其他媒体不同的是，广告受众在收到 DM 广告后，基于心态驱使会想了解其内容，所有 DM 广告较之其他媒体广告能产生良好的广告效应；并且广告主在发出直邮广告之后，可以借助产品销售数量的增减变化情况及变化幅度来了解广告信息传出之后产生的效果。

二、DM 单的种类　　　　　　　　　　　　　　　　TWO

由于 DM 单的运用范围广，在设计表现上趋向于比较自由的式样，这使其呈现出多样化的种类，主要有传单型、册子型和卡片型。

1.传单型

传单型的DM单即单页DM单，主要用于促销等活动的宣传或新产品上市或新店开张等具有强烈时效性的事件，属于加强促销的强心针。其尺寸、形式灵活多变，设计要求以突显宣传内容为主。传单型DM单如图2-1-1和图2-1-2所示。

图2-1-1　传单型DM单一

图2-1-2　传单型DM单二

2.册子型

册子型的DM单主要用于企业文化的宣传及企业产品信息的详细介绍。一般由企业直接邮寄给相应产品的目标消费群，或赠予购买其产品的消费者，用以加深用户对企业的认识，塑造企业形象，同时也对公司旗下相关联的产品信息进行介绍和发布。图2-1-3至图2-1-5所示是册子型DM单。

图2-1-3　册子型DM单一

图2-1-4　册子型DM单二

图2-1-5　册子型DM单三

3.卡片型

卡片型的DM单设计新颖多变，制作最为精细，一般以邮寄、卖场展示等方式出现，起到和其他类型的DM单相同的企业形象和产品信息的宣传作用，同时还会在一些节假日或特殊的日子出现，以辅助进行促销。图2-1-6至图2-1-8所示是卡片型DM单。

图 2-1-6　卡片型 DM 单一　　　　图 2-1-7　卡片型 DM 单二　　　　图 2-1-8　卡片型 DM 单三

三、DM 单案例示范

制作电商海报的步骤如下。

（1）新建大小为 67.73 cm×24.69 cm、分辨率为 72 ppi 的文档，如图 2-1-9 所示。

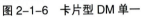

图 2-1-9　新建文档

(2) 填充底色（选择颜色 C 为 30%）并置入图片，如图 2-1-10 和图 2-1-11 所示。

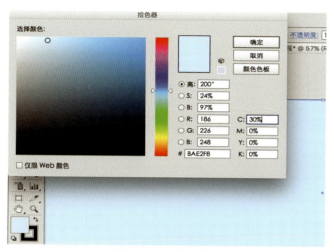

图 2-1-10　选择颜色　　　　　　　　　　　图 2-1-11　置入图片

(3) 制作背景。

① 绘制一些椭圆，并编组，在［效果］菜单中选择［风格化］－［羽化］命令。复制这些椭圆，制作天空的效果，如图 2-1-12 至图 2-1-14 所示。

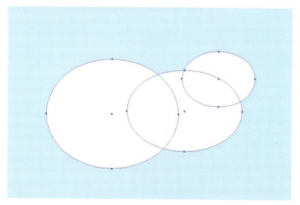 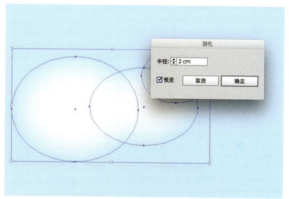

图 2-1-12　绘制椭圆　　　　　　　　　　　图 2-1-13　设置羽化半径为 2 cm

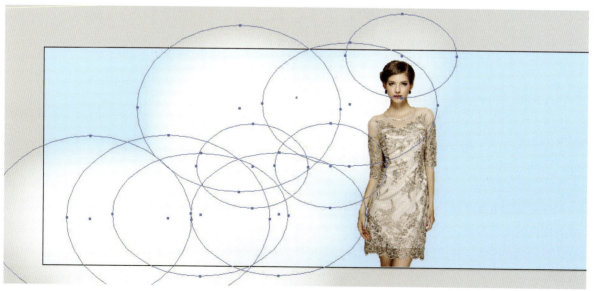

图 2-1-14　制作天空的效果

② 绘制两个小圆，选中一个小圆，在［透明度］面板，设置不透明度为 60%，如图 2-1-15 所示；选中另一个小圆，做羽化处理，设置羽化半径为 0.8 cm，如图 2-1-16 所示。多次复制、粘贴这两个小圆，制作梦幻效果，建立剪切蒙版，裁剪边缘，如图 2-1-17 所示。

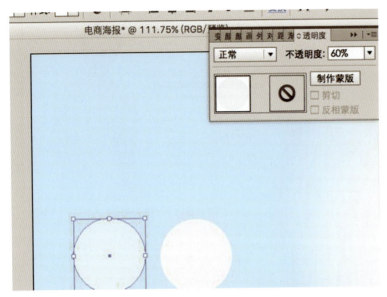

图 2-1-15　绘制两个小圆并设置其中一个小圆的不透明度

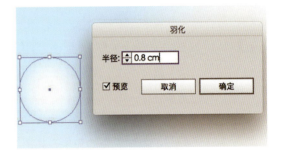

图 2-1-16　设置羽化半径为 0.8 cm

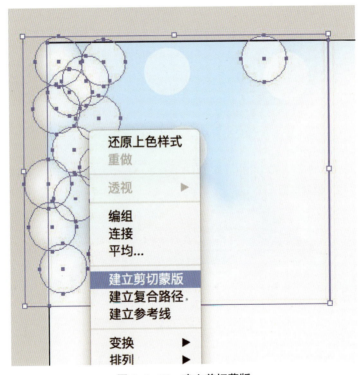

图 2-1-17　建立剪切蒙版

（4）制作字体。电商海报的文字设计要表现字体的层级关系，即要通过文字的大小、变化，字间距和行距的不同，体现信息的不同层级。字体的选择要符合图形的整体风格，在这个案例中，字体中英文选取的都是简洁而带有女性优雅特质的字体，并通过加长字体局部，增加纤细、浪漫的特质。英文选取的字体是 Myriad Pro，中文选取的是圆体。

① 输入 Myriad Pro 字体，选择较纤细的字体，如图 2-1-18 所示。

② 在［对象］菜单中选择［扩展］命令，如图2-1-19所示。

图2-1-18　选择较纤细的字体(英文字体)　　　　图2-1-19　在[对象]菜单中选择[扩展]一

③ 用直接选择工具，选取节点（注意看蓝色节点）并延长，如图2-1-20和图2-1-21所示。

图2-1-20　选取节点并延长一　　　　图2-1-21　选取节点并延长二

④ 输入圆体，选择较纤细字体，并在［对象］菜单中选择［扩展］命令，如图2-1-22和图2-1-23所示。

图2-1-22　选择较纤细字体(中文字体)

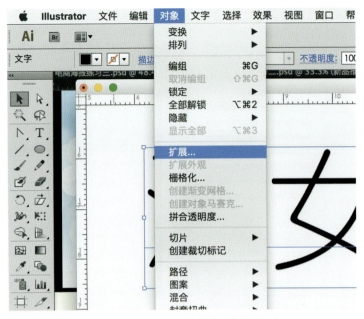

图 2-1-23　在[对象]菜单中选择[扩展]二

⑤ 使用倾斜工具，调整字体，如图 2-1-24 所示。

图 2-1-24　调整字体

⑥ 选择笔画尾部的节点，进行拖动和调整，如图 2-1-25 至图 2-1-27 所示。

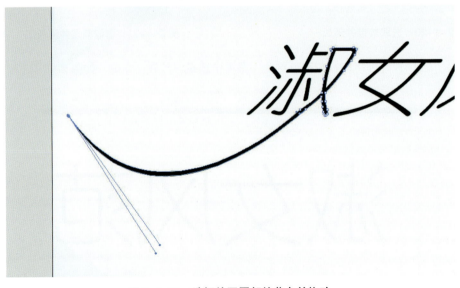

图 2-1-25　选择笔画尾部的节点并拖动

图 2-1-26 拖动和调整一

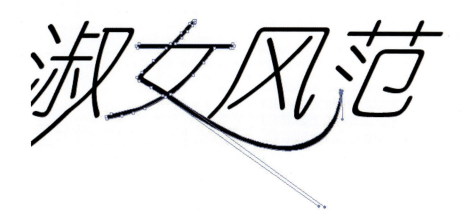

图 2-1-27 拖动和调整二

⑦ 为一些文字增加底部色块，增加整体文字组合的重量，增强层级关系，如图 2-1-28 所示。

图 2-1-28 增强层级关系

⑧ 输入最小号的文字，通过字距和行距的调整及设置右对齐的方式，使整体文字组合搭配既整齐又富有变化，增强信息输出的层次性，如图2-1-29和图2-1-30所示。

图2-1-29 增强信息输出的层次性一

图2-1-30 增强信息输出的层次性二

(5) 调整图片。图片的后期调色应在 Photoshop 里完成，这里只是进行简单调整。原地复制图片，对于位于上面的图片在［透明度］面板中做［柔光］处理，如图 2-1-31 所示。

图 2-1-31　做［柔光］处理

(6) 导入白色线条绘制的玫瑰素材，如图 2-1-32 所示。

图 2-1-32　导入白色线条绘制的玫瑰素材

课后练习：

(1) 运用相关平面软件设计一张手机宣传 DM 单，例如图 2-1-33 和图 2-1-34。

(2) 运用相关平面软件设计一张理财广告 DM 单，例如图 2-1-35。

图 2-1-33 制作手机宣传 DM 单一

图 2-1-34 制作手机宣传 DM 单二

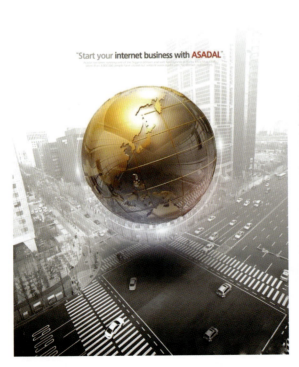

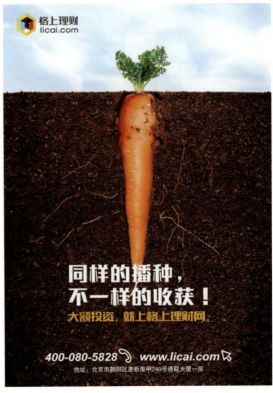

图 2-1-35 制作理财广告 DM 单

项目二
企业画册设计

G UANGGAO

C EHUA

C YU SHEJI

知识目标

(1) 企业画册的设计要点。
(2) 企业画册的分类。

能力目标

(1) 能根据调研报告的内容，撰写画册广告的整体策划方案。
(2) 能根据广告主的意图用文字的形式，将广告宣传的内容表达出来。

学习任务

(1) 接受画册设计广告任务书。
(2) 画册广告的方案设计。
(3) 素材的收集与整理。
(4) 宣传画册制作。
(5) 画册的纸张选择。

一、企业画册的设计要点　　ONE

日常生活中最常见的画册要属企业画册，它是企业对外宣传自身文化、塑造企业形象的重要媒介之一。在设计企业画册时有4大要点需注意。

1.企业文化

企业文化是品牌价值的衡量标准之一，它是企业经过长期的经营活动和管理经验总结出的区别于其他企业的特质，具有唯一性。对画册的设计过程即是对这一文化特质的反映和提炼，需根据其特质来确定画册的整体风格。

2.市场推广策略

设计画册时，其版式和涵盖的元素以及配色等，不但需要符合设计美学的三大构成关系，更重要的是，要能完整地表达市场推广策略，包括产品所针对的客户群、地域、年龄段、知识层次等。

3.三大构成

一本画册应符合视觉美感的评定依据，包括图形构成、色彩构成、空间构成。三大构成的完美表现能够提升画册的设计品质和企业内涵。

4.产品表现

产品表现主要是对产品展示页的要求，产品表现需要摄影和后期软件处理来共同完成，通常要求产品表面光洁，明暗对比强烈而不失细节。

二、企业画册的分类　　TWO

画册是平面广告中档次较高的一种形式，其篇幅大、图片多、印刷精美，具有收藏价值。基于这些特质，让画册图文并茂，是一种理想表达方式。按照其功用和立足点的不同，可将企业画册分为企业形象宣传画册和企业产品展示画册。

1. 企业形象宣传画册

企业形象宣传画册的设计通常需要体现出企业的企业精神、企业文化、企业发展定位、企业性质等，一般以形象为主，以产品为辅。较之其他种类的画册，在设计上偏向构图简洁、画面干净、大面积的色块，并灵活运用点、线、面做微妙的变化，以突显企业的大气。图2-2-1所示为一则企业形象宣传画册的封面和内页，其中就运用了大面积的色块和点与面的对比手法进行设计。

2. 企业产品展示画册

企业产品展示画册在设计上丰富多变，注重体现产品的功能、特性、用途、服务等。从企业的行业定位和产品特点出发进行设计，来定位产品的风格，如简洁大方、绚丽时尚、朴素雅致等。图2-2-2为企业产品展示画册。

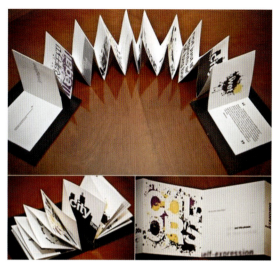

图2-2-1　企业形象宣传画册

图2-2-2　企业产品展示画册

三、画册的纸张选择　　　　THREE

画册属于印刷品，在选择画册的纸张类型时，如果广告主没有过多的特殊制作工艺要求，一般情况下可选择哑粉纸，但有时为了制作出较为特殊的效果，则会选用一些特殊材质的纸张。

（1）布纹纸。布纹纸是一种较为特殊的纸张，其表面自然，带有一种淡淡的纹理效果，类似于早期的粗布的颗粒质感，具有较强的装饰性；这类纸张颜色十分丰富，但由于纸质较脆易折，制作时需更加小心谨慎；适用于封面、扉页、精美目录、酒类包装、信封、信纸等。

（2）仿古纸。仿古纸的特色在于这种纸张是在胶版纸上进行加工处理的，让整个纸张形成一种粗糙质感；多用在画册的制作上，给人一种质朴的感受。

（3）高光泽纸。高光泽纸是在纸张上进行高光泽处理后得到的表面高平滑度的纸张，在其制作工艺上有一定的特殊要求，非常适合DM单和画册中高质量的彩色图片的印刷。

四、制作企业形象宣传画册　　　　FOUR

制作企业形象宣传画册如图2-2-3至图2-2-5所示。

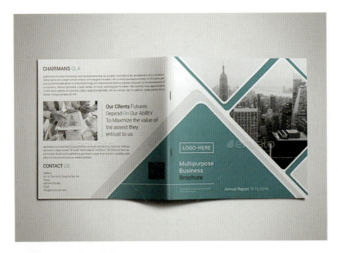

图 2-2-3 制作企业形象宣传画册一

图 2-2-4 制作企业形象宣传画册二

图 2-2-5 制作企业形象宣传画册三

课后练习：

根据本节内容，收集三份企业产品展示画册，分析其中的图形构成、色彩构成、空间构成，使用文字进行描述，做成设计分析报告。

项目三
杂志广告设计

GUANGGAO
CEHUA
CYU SHEJI

■ 知识目标 ■

(1) 杂志广告的特点。
(2) 杂志广告的制式和开本。
(3) 杂志广告的设计要领。

■ 能力目标 ■

(1) 能根据调研报告的内容，撰写杂志广告的整体策划方案。
(2) 能根据广告主的意图用文字的形式，将杂志广告宣传的内容表达出来。

■ 学习任务 ■

(1) 接受杂志广告设计任务书。
(2) 制订杂志广告活动设计方案。
(3) 素材的收集与整理。
(4) 杂志广告制作。

一、杂志广告的特点　　ONE

杂志广告的英文为 magazine advertising，按其性质可分为专业性杂志、行业性杂志、消费者杂志等，根据适用情况的不同而有所区分，一般采用铜版纸四色印刷，所以在价格上比报纸广告贵，但企业和商家却乐于运用杂志广告进行宣传，这是由杂志广告所具有的商业价值特点决定的。

1. 针对性

杂志有其特定的读者范围，使其具有很强的针对性，是各类专业商品广告的良好媒介。杂志种类繁多，涉及面广，专业性杂志针对不同的读者对象，安排相应的阅读内容，因而就能受到不同的读者对象的欢迎。杂志的读者广泛，但也相对固定，从广告传播上来说，这种特点有利于明确传播对象，广告可以有的放矢。

2. 持久性

杂志是除书籍外的一种具有持久性的媒介。杂志比报纸具有较长的保存期，这是因为杂志所刊载的内容具有较大的知识性价值。杂志中的文章篇幅较长，读者不仅能仔细阅读，且在不经意间会多次浏览，这种特性也使得杂志广告与读者接触机率增多，间接增加了广告信息的传达率。杂志保存周期长，有利于广告长时间地发挥作用，这是杂志最大的优势。

3. 深刻性

通常一则杂志广告占据一页或 1/2 页面的篇幅，可以对广告内容做较为深入细致的介绍，以全面地反映商品或企业的优势。

4. 艺术性

杂志的纸张质感细腻，其封面、封底常采用彩色印刷，图文并茂，无论原作是摄影的照片还是绘画作品、电脑设计的作品，都可以充分体现原作效果，这是报纸广告难以比拟的。杂志广告页面往往放在封底或封里（又称为封二）位置，印制精致、醒目、突出，有利于吸引读者仔细阅读欣赏。

二、杂志广告的各种制式和开本　　TWO

杂志广告的制式指的是不同开本的杂志中广告所占的各种版面和版位。制式类型大致上可以分为封面、封

二、封三、封底、扉页,以及内页、插页等。其中以封面和封底的受关注度最高。杂志广告的不同制式直接关系到广告效应,据不完全调查显示,不同的版面引起的关注程度是不同的。值得注意的是,在同一版面中,读者的关注度是大比小高,上比下高,横排版面左比右高,竖排版面右比左高。杂志广告的规格是以各杂志的开本为标准,按开本可分为大16开(210 mm×285 mm)、16开(185 mm×260 mm)、大32开(203 mm×140 mm)、小32开(184 mm×130 mm)和8开等。32开和16开的版面一般一页刊登一则广告,而8开的版面一页则可同时刊登几则广告。

三、杂志广告的设计要领　　THREE

每种杂志都有自己独有的目标受众群体,从广告宣传上来讲,这些读者就成为间接投放杂志广告的商家的广告诉求对象。杂志广告的设计有两大要领是需要遵循的。

1. 图片精美、色彩鲜明

杂志是近距离的读物,在图片的选择上要求视觉冲击力很强,色彩鲜艳明快,艺术欣赏性高,还应注意与产品的关联性和情感诉求因素的合理调整,才能真正做到吸引视线的目的。图2-3-1和图2-3-2所示为杂志广告。

图2-3-1　杂志广告一

图2-3-2　杂志广告二

2. 创意新颖、个性独特

在杂志广告设计过程中应注意创意和产品的关联性,通过很好的创意,结合产品的特点进行适度的夸张、比喻,让广告受众感觉既超脱想象,又在情理之中,同时也突出了广告信息的个性化特征,与广告受众心理相吻合,才能使目标受众易于接受并认可。图2-3-3和图2-3-4所示为杂志广告。

四、杂志广告案例示范　　FOUR

制作一款杂志广告的步骤如下。

图 2-3-3　杂志广告三

图 2-3-4　杂志广告四

（1）新建文件 210 mm×285 mm，如图 2-3-5 所示。

图 2-3-5　新建文件

（2）绘制矩形框，并在［对齐］面板中选择居中对齐画板，如图 2-3-6 所示。

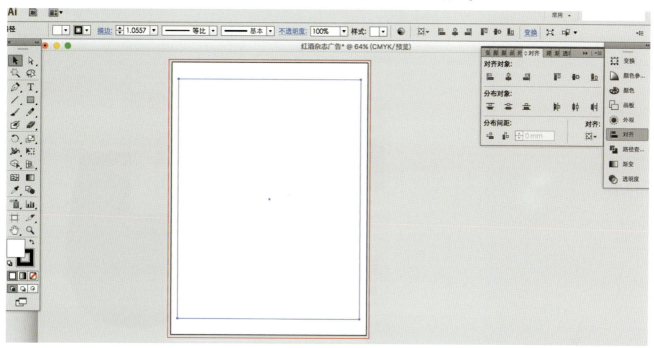

图 2-3-6　选择居中对齐画板

（3）绘制酒杯。

① 设置一个 10×10 的网格作为辅助线，如图 2-3-7 所示。

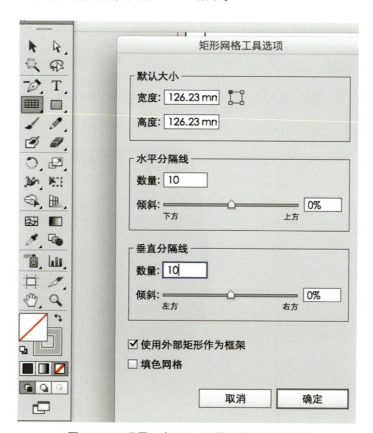

图 2-3-7　设置一个 10×10 的网格作为辅助线

② 使用钢笔工具绘制酒杯，注意节点滑杆的位置和角度（平滑曲线的滑杆要成180°），填充色彩（C：68%，M：71%，Y：59%，K：27%），如图2-3-8和图2-3-9所示。

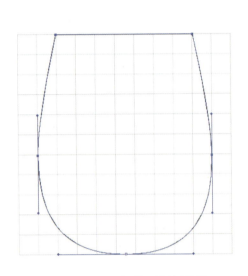
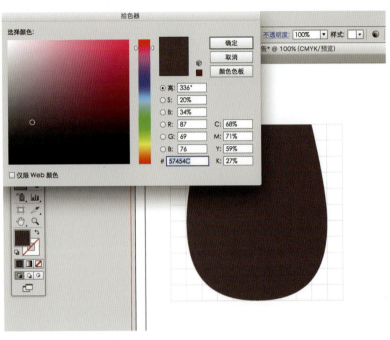

图2-3-8　使用钢笔工具绘制酒杯　　　　　　　　　图2-3-9　填充色彩

③ 原地复制图形（Ctrl+C，Ctrl+Shift+V），将最上面的节点向下调整两个单元格，并填充成黑色，如图2-3-10所示。

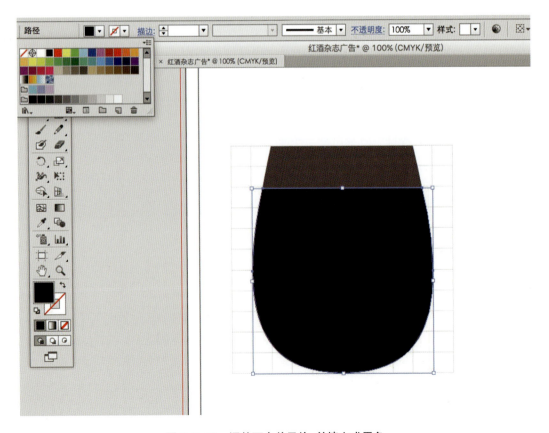

图2-3-10　调整两个单元格，并填充成黑色

④ 原地复制，并填充渐变色，如图 2-3-11 至图 2-3-13 所示。

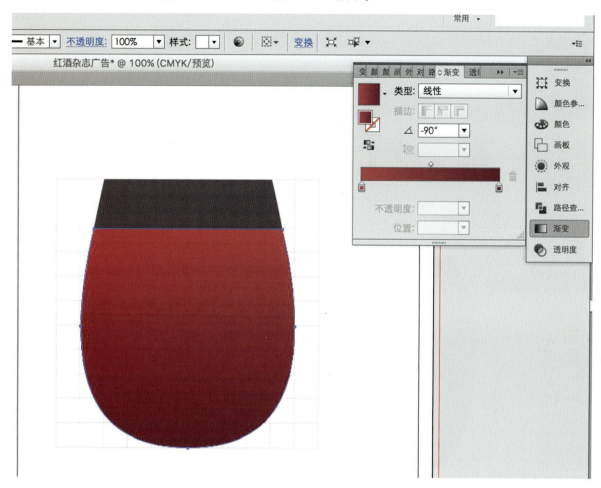

图 2-3-11 原地复制，并填充渐变色一

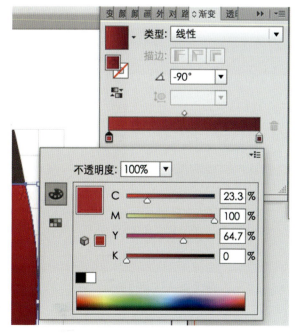

图 2-3-12 原地复制，并填充渐变色二

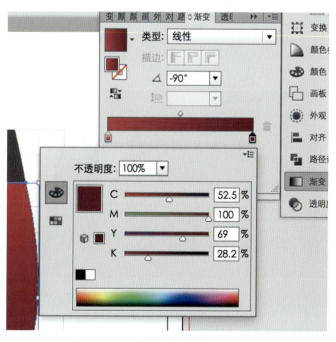

图 2-3-13 原地复制，并填充渐变色三

⑤ 在 [效果] 菜单中选择 [风格化] – [羽化] 命令，设定羽化半径为 12 mm，如图 2-3-14 和图 2-3-15 所示。

⑥ 绘制高光，并进行羽化，如图 2-3-16 和图 2-3-17 所示。

把最底部的形状原地复制，在下侧绘制矩形框，使用时装生成器后单击上半部分，并删除其余部分。

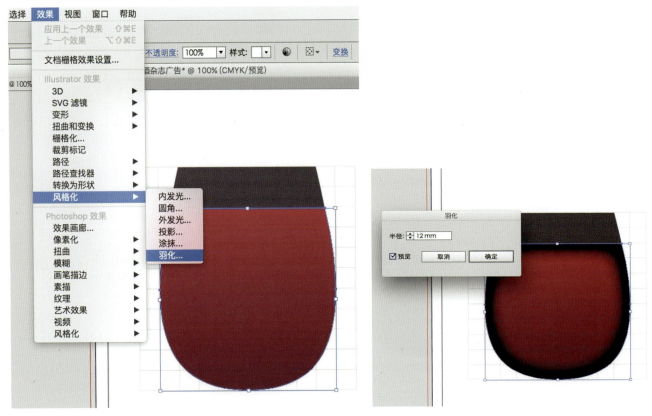

图 2-3-14　选择[羽化]命令　　　　　　　　　图 2-3-15　设定羽化半径为 12 mm

图 2-3-16　绘制高光

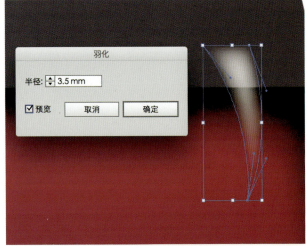
图 2-3-17　进行羽化

将生成的形状填充白色，进行羽化并向后排列，如图 2-3-18 至图 2-3-21 所示。

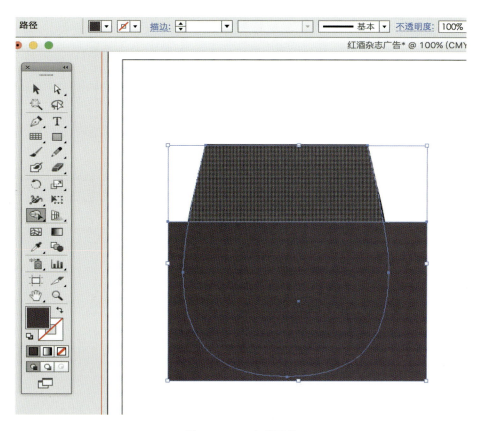

图 2-3-18　生成形状

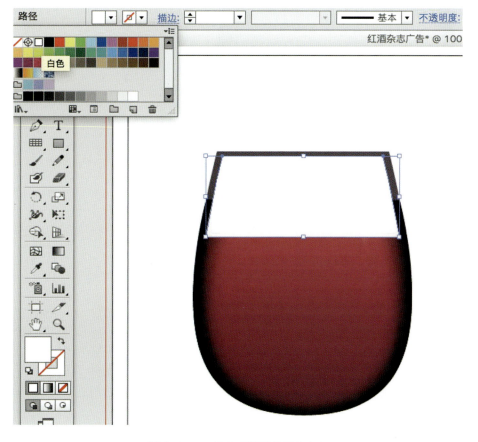

图 2-3-19　将生成的形状填充白色

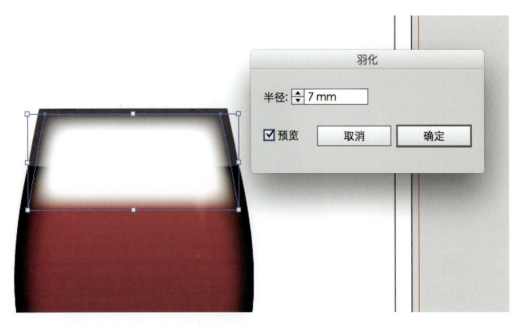

图 2-3-20　进行羽化

图 2-3-21　向后排列

⑦ 绘制酒杯底部，如图 2-3-22 至图 2-3-24 所示。

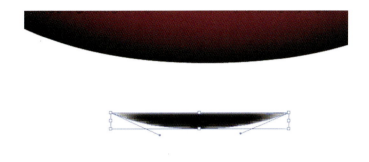

图 2-3-22　绘制酒杯底部一

图 2-3-23　绘制酒杯底部二

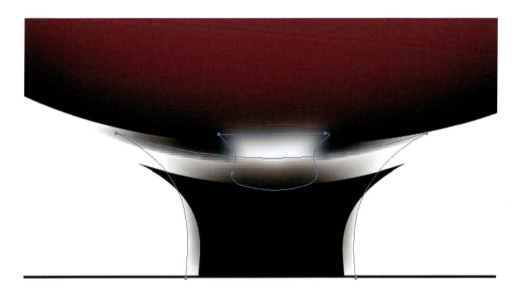

图 2-3-24　绘制酒杯底部三

⑧ 绘制水泡，如图 2-3-25 和图 2-3-26 所示。

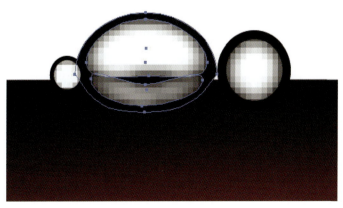

图 2-3-25　绘制水泡一

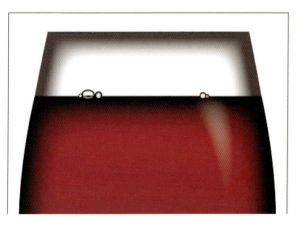

图 2-3-26　绘制水泡二

(4) 输入文字，在 [对象] 面板中选择 [扩展]，编辑局部曲线，并输入其余文字和标志，如图 2-3-27 和图 2-3-28 所示。

课后练习：

绘制一款数码相机广告。

数码相机广告示范案例如图 2-3-29 所示。

图 2-3-27　输入文字

图 2-3-28　编辑局部曲线，并输入其余文字和标志

图 2-3-29　制作数码相机杂志广告

项目四
户外广告设计

G UANGGAO

C EHUA
C YU SHEJI

知识目标

(1) 户外广告媒体的功能。

(2) 户外广告的分类。

能力目标

(1) 能根据调研报告的内容，制订户外广告的整体策划方案。

(2) 能根据广告主的意图用文字的形式，将广告宣传的内容表达出来。

学习任务

(1) 接受户外广告设计任务书。

(2) 制订户外广告设计方案。

(3) 素材的收集与整理。

(4) 户外广告的制作。

一、户外广告媒体的功能及其行业发展情况 ONE

在生活中，我们一般将在露天或公共场合通过广告表现形式同时向许多消费者进行诉求，能达到推销商品目的的介质统称为户外广告媒体。这些媒体最主要的功能是树立企业或产品的品牌形象，可细化为两点：一是强化企业性质和同类产品中的领导地位，二是提高企业及旗下产品的公众认识度和认可度。同时我们也应看到，随着传播环境的日渐复杂，传统大众媒体和新型户外广告媒体的竞争逐渐浮出水面。一方面，传统大众媒体成本不断增加却面临着效果有所下降的趋势，而户外广告媒体以较低的成本和较好的传播效果日益赢得了广告客户和广告公司的青睐；另一方面，户外广告开发和经营的巨大利润潜力使得户外广告成为广告公司的热门经营项目，专业运营户外广告的广告公司迅即出现并迅猛地进行资本运作。其中尤为出众的是分众传媒，它在纳斯达克成功上市后展开一系列大刀阔斧的并购，市值屡创新高，户外广告媒体成为风险投资商们聚焦的新热点。

二、户外广告的分类 TWO

户外广告可分为平面和立体两大部类：平面广告有路牌广告、招贴广告、墙壁广告、海报、条幅等，立体广告分为霓虹灯、广告柱及广告塔、灯箱广告等。户外广告的媒体类型根据广告的展示地点和形式，种类较多，下面分别进行介绍。

1. 单立柱广告牌

单立柱广告牌置于特设的支撑柱上，以立柱式T形或P形为多，广告装置设立于高速公路、主要交通干道等地方，面向密集的车流和人流。普遍使用的尺寸为6米高×1.8米宽，主要以射灯做照明装备，其特点是美观，晚上照明效果极佳，并能清晰地看到广告信息。图2-4-1、图2-4-2为单立柱广告牌。

2. 大型灯箱广告

大型灯箱置于建筑物外墙、楼顶等位置，白天是彩色广告牌，晚上亮灯则成为"内打灯"的灯箱广告。灯箱广告照明效果较佳，但维修却比射灯广告牌困难，且所用灯管较易耗损。图2-4-3、图2-4-4为灯箱广告

3. 候车亭广告牌和车身广告

候车亭广告牌是设置于公共汽车候车亭的户外媒体，以灯箱为主要表现形式。在这类媒体上安排的广告以大

图 2-4-1 单立柱广告牌一

图 2-4-2 单立柱广告牌二

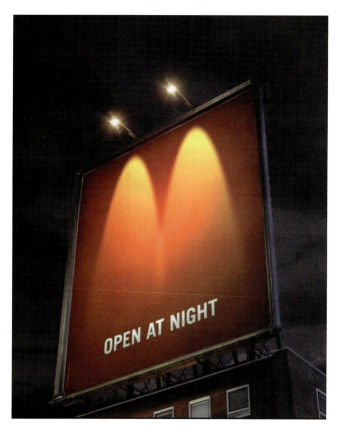

图 2-4-3 灯箱广告一

图 2-4-4 灯箱广告二

众消费品为主。图 2-4-5、图 2-4-6 所示为候车亭广告牌。

公交车属于移动媒体，表现形式为全车身彩绘及车身两侧横幅挂板等，其特点是接触面广，覆盖率高，可根据目标受众对象来选择路线或地区。图 2-4-7 为车身广告。

4. 各种新型媒体

户外广告的形式多样化，各种新型媒体也在不断地产生，包括墙体广告、电子屏广告、场地广告、电梯间广告等。墙体广告是在建筑物外墙上发布的户外广告，利用墙面张贴大型海报、招贴字画、装饰旗等，主要是宣传产品、推广企业形象。而广告的无孔不入，还体现在楼宇内遍布了各式各样的广告框图（电梯轿厢内的）、候梯厅的液晶电视等。图 2-4-8 至图 2-4-10 所示为各种新型媒体广告。

图 2-4-5　候车亭广告牌一　　　　　　图 2-4-6　候车亭广告牌二

图 2-4-7　车身广告

图 2-4-8　各种新型媒体广告一　　图 2-4-9　各种新型媒体广告二　　图 2-4-10　各种新型媒体广告三

三、制作各种户外广告　　　　　　　　　　　　　　　THREE

制作各种户外广告如图 2-4-11 至图 2-4-16 所示。

图 2-4-11　户外广告　　　　　　　　　图 2-4-12　灯箱广告

图 2-4-13　户外大型创意广告

图 2-4-14　时尚类杂志封面一

图 2-4-15　时尚类杂志封面二

图 2-4-16　涂鸦式墙体广告

课后练习：

在课后依据本节所讲的户外广告分类，拍摄不少于三种户外广告类型，并提交照片。

项目五
立体POP（促销）广告设计

GUANGGAO
CEHUA
YU SHEJI

知识目标

(1) POP 立体广告。
(2) POP 广告形式。
(3) POP 广告形态要素。

能力目标

(1) 能根据调研报告的内容，设计系列 POP 广告的整体策划方案。
(2) 能根据广告主的意图用 POP 的形式，将 POP 广告宣传的内容表达出来。

学习任务

(1) 接受 POP 广告设计任务书。
(2) 制订 POP 广告设计方案。
(3) 素材的收集与整理。
(4) POP 广告制作。

一、POP 广告形态　　　　　　　　　　　　　　　　　　　　ONE

POP 广告包括销售点外部广告和销售点内部广告。

广告形态包括平面形态、立体形态和活动形态。下面主要讲解由立体形态形成的 POP 立体广告。

POP 立体广告包括灯箱广告、气模广告、立体展示卡、台式促销广告、吊挂促销广告和落地促销广告等。图 2-5-1 至图 2-5-7 为 POP 广告。

图 2-5-1　POP 广告一

图 2-5-2　POP 广告二

图 2-5-3 POP 广告三　　　　　　　　　　图 2-5-4 POP 广告四

图 2-5-5 POP 广告五　　　图 2-5-6 POP 广告六　　　图 2-5-7 POP 广告七

POP 广告的发展趋势为设计系统化、应用全面化、形象特征化、制作精美化。POP 广告如图 2-5-8 所示。

立体 POP 广告设计是一门综合性的设计，其包括平面设计要素，立体形态造型、材料和制作工艺，平面设计要素与立体形态的关系。

立体POP广告以立体形态为媒介，多角度地传播视觉信息。立体POP广告分为以广告内容为主的立体POP广告和以陈列商品为主的立体POP广告两种基本形式。

图 2-5-8　POP 广告八

立体POP广告按材料与制作工艺分为气膜POP广告、霓虹灯POP广告、电动POP广告、磁性POP广告、组装件POP广告、硬质材料POP广告和纸张材料POP广告等。立体POP广告如图2-5-9至图2-5-12所示。

图 2-5-9　立体 POP 广告一

图 2-5-10　立体 POP 广告二

图 2-5-11　立体 POP 广告三

图 2-5-12　立体 POP 广告四

二、POP 广告形态要素　　　　　　　　　　　　　　TWO

POP 广告形态要素与广告内容、商品陈列方式、商品特点和企业制定的视觉识别系统相联系。
(1) 基本形态：形态基本形，包括锥体、柱体和球体及变形的基本形态等。
(2) 形态元素：杆材、线材、面材和体块，以及变形的形态元素。
(3) 材料元素：硬质材料与柔软材料、透明材料与非透明材料。
(4) 辅助配件：一般是指各式各样的将形态连接在一起的连接件。
(5) 连接方式：插接、粘接、栓接、磁性连接和捆绑等。
POP 广告形态要素形式如图 2-5-13 所示。

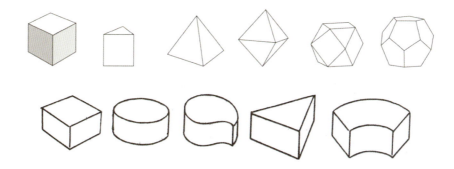

图 2-5-13　POP 广告形态要素形式

图 2-5-14 至图 2-5-16 所示为 POP 广告形态要素应用。

图 2-5-14　POP 广告形态要素应用一　　图 2-5-15　POP 广告形态要素应用二　　图 2-5-16　POP 广告形态要素应用三

三、POP 广告形态设计要点　　THREE

（一）要点一

注意多角度空间的形态造型效果，并且与有关广告内容、促销商品方式和摆列方式相互结合，形成和谐的造型和形态关系。

（1）单面展示形态——以一个展示面展示商品和广告内容的形态设计。

（2）双面展示形态——以前、后两个展示面或 90°角的左、右两个展示面的形态设计。

（3）多面展示形态——沿着一个竖向轴心，能够多角度地展示商品和广告内容的形态设计。

（4）多层次展示形态——竖向或横向多层次地展示商品和广告内容的形态设计。

（5）开放展示形态——以单向或多向的开放式形态展示商品和广告内容的形态设计。

（6）组合展示形态——组合包括竖向组合、横向组合和多向组合等，以组合构成造型形态的方式展示商品和广告内容。

POP 广告形态设计如图 2-5-17 至图 2-5-21 所示。

 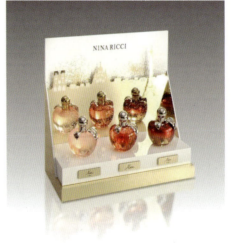 

图 2-5-17　POP 广告形态设计一　　图 2-5-18　POP 广告形态设计二　　图 2-5-19　POP 广告形态设计三

图 2-5-20　POP 广告形态设计四

图 2-5-21　POP 广告形态设计五

（二）要点二

注重造型形态与促销内容的关系、应用材料与加工工艺的关系、具体形式与形态造型的关系、形象定位与销售目标在使用色彩和版式设计方面的关系、立体形态与平面形态和谐的关系。

四、POP 广告形式

小型展示卡：用于展示商品和宣传内容。悬挂式 POP 广告：用于引导消费者。台式 POP 广告：用于展示商品和陈列商品。落地式 POP 广告：用于展示商品和陈列销售商品。包装 POP 广告：用于包装产品，与展示商品相结合。

1. 小型展示卡

展示卡是一种灵活的小型化的 POP 广告形式，能够运用于商品促销的各个方面。展示卡一般与商品展示活动配合使用，也可以与商品促销活动配合使用。展示卡可根据一定的目的和要求安排广告内容：以形象品牌为主的广告内容、以象征图形和插画为主的广告内容、以商品介绍和性能介绍为主的广告内容、以商品展示为主并与形象广告内容相配合。

展示卡适用于各种材料和制作工艺，造型形态富有变化。图 2-5-22 和图 2-5-23 所示为展示卡。

2. 悬挂式 POP 广告

悬挂式 POP 广告是一种悬挂于空中的以展示形象、品牌为主的广告形式，一般放置于企业商品专卖区的上方，或节日庆典活动使用，对于消费者具有引导和提示的作用。悬挂式 POP 广告的内容一般是强调企业形象、商品品牌和广告语的明朗化，或配合象征图形和插画一起使用。悬挂式 POP 一般采用两个面以上的造型形态，有利于多方位地展示广告视觉内容和信息传播。图 2-5-24 至图 2-5-28 所示为悬挂式 POP 广告。

图 2-5-22 展示卡一

图 2-5-23 展示卡二

图 2-5-24 悬挂式 POP 广告一

图 2-5-25 悬挂式 POP 广告二

图 2-5-26 悬挂式 POP 广告三

图 2-5-27 悬挂式 POP 广告四

3. 台式 POP 广告

台式 POP 广告是一种小型化的以展示商品和陈列商品为主要目的的广告形式，一般放置于柜台上或配合展会使用，为消费者提供近距离接触商品和试用商品的机会。

台式 POP 广告一般以陈列商品为主，配合形象品牌和象征图形等内容。

台式 POP 广告多采用透空式形态和开放式形态，有利于充分地展示商品，在各种材料和制作工艺中，根据实际需要适当选择。图 2-5-29 和图 2-5-30 所示为台式 POP 广告。

图 2-5-28 悬挂式 POP 广告五

图 2-5-29 台式 POP 广告一

图 2-5-30 台式 POP 广告二

4. 落地式 POP 广告

落地式 POP 广告是一种大型的放置于地面上的促销形式，一般应用于商品的直接促销活动，在大型商场中一般应用于企业商品专卖、广告宣传和商品陈列，或应用于企业展示会和各种促销活动。

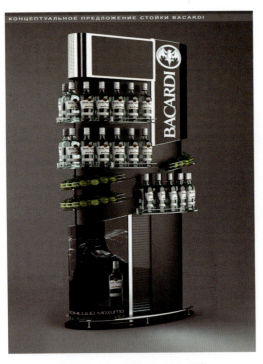

落地式 POP 广告的展示内容主要分为四个方面：以陈列销售商品为主，配合形象品牌广告；以陈列销售商品为辅，以广告内容为主；主要以展示商品为目的；主要以形象广告为目的。

落地式 POP 广告一般常用于竖向的两个展示面以上的造型形态，并根据展示商品数量和广告内容进行合理的安排。根据放置位置确定造型形态的方向感及展示面的方向，根据特殊需要运用组合形态。

落地式 POP 广告一般将竖向形态从上到下分为三个部分，即底座、中间商品展示区域和顶端的广告区域，并根据产品的特点、陈列量和形象化的要求合理地选择使用材料和工艺。

图 2-5-31 所示为落地式 POP 广告。

5. 包装 POP 广告

包装 POP 广告是将包装功能与广告宣传结合在一起构成的一种特殊广告形式，将完整的包装打开，通过预先设置的结构形式展示广告内容和商品，一般将其放置于柜台上，代替台式 POP 广告的促销形式使用。

包装 POP 广告在应用形态方面包括多种具体形式，如顶面展示、侧面展示和两面展示等，或根据展示方式选择不同的基本形态和造型形式。

包装 POP 广告必须兼备包装和展示两个方面的功能，一般使用比较坚固的制版材料，以良好的、合理的结构设计使其兼顾商品的功能。图 2-5-32 和图 2-5-33 所示为包装 POP 广告。

图 2-5-31　落地式 POP 广告

图 2-5-32　包装 POP 广告一　　　　　　　　图 2-5-33　包装 POP 广告二

五、POP 广告设计原则

从促销方式的角度：根据商品促销的具体要求设计 POP 广告的形态、设定广告内容、设定商品展示位置和各个方面的比例关系等。

从综合内容的角度：立体 POP 是一种综合性非常强的广告形式，形态造型包括材质、结构、制作工艺、连接件和连接方式等，以及商品的形态、放置商品的数量和方式；平面设计包括图形、字体和广告画等；综合设计是指按照确定的主题，将各种元素进一步构成一个和谐的整体。

根据 VI 识别系统设计 POP 广告：将 POP 广告视为 VI 识别系统设计的重要组成部分，从商品促销的角度延续和推广企业和商品的整体形象。

POP 广告成品如图 2-5-34 所示。

图 2-5-34　POP 广告成品

课后练习：

综合运用本书所学知识，不限形式、内容、方法，为一套产品（自选）设计、制作一则 POP 广告。

参考文献

GUANGGAO CEHUA YU SHEJI
CANKAO WENXIAN

[1] 门小勇.平面设计史[M].长沙：湖南大学出版社，2010.

[2] 胡川妮.广告创意表现[M].北京：中国人民大学出版社，2003.

[3] 胡川妮.品牌广告塑造[M].北京：中国人民大学出版社，2004.

[4] 李世丁，袁乐清.沟通秘境：广告文案之道[M].广州：广东经济出版社，2001.

[5] 〔日〕植条则夫.广告文稿策略：策划、创意与表现[M].俞纯麟，俞振伟，译.上海：复旦大学出版社，1999.

[6] 唐忠朴.广告创意策略与表现[M].北京：中国友谊出版公司，1996.

[7] 张璧麒.Photoshop CS 广告创意表现与技巧案例经典[M].天津：兵器工业出版社，北京希望电子出版社，2005.

[8] 国王全.新广告文案学（创意·写作·表现）[M].广州：中山大学出版社，2004.

[9] 刘祥波，李焱.商业POP广告设计[M].沈阳：辽宁美术出版社，2014.

[10] 〔美〕John McWade.版式设计原理与应用[M].北京：人民邮电出版社，2010.

[11] 姜健，田莉.POP广告设计攻略[M].武汉：华中科技大学出版，2016.